A CHAVE MESTRA

Universo dos Livros Editora Ltda.
Avenida Ordem e Progresso, 157 – 8º andar – Conj. 803
CEP 01141-030 – Barra Funda – São Paulo/SP
Telefone: (11) 3392-3336
www.universodoslivros.com.br
e-mail: editor@universodoslivros.com.br

CHARLES F. HAANEL

A CHAVE MESTRA

ALCANCE A VIDA EXTRAORDINÁRIA QUE VOCÊ DESEJA...

São Paulo
2023

Grupo Editorial
UNIVERSO DOS LIVROS

The master key system

Diretor editorial
Luis Matos

Gerente editorial
Marcia Batista

Assistentes editoriais
Letícia Nakamura
Raquel F. Abranches

Tradução
Michelle Gimenes

Preparação
Monique D'Orazio

Revisão
Guilherme Summa

Diagramação e capa
Valdinei Gomes

Dados Internacionais de Catalogação na Publicação (CIP)
Angélica Ilacqua CRB-8/7057

H112c

Haanel, Charles F.
A chave mestra : alcance a vida extraordinária que você deseja /Charles F. Haanel ; tradução de Michelle Gimenes. — São Paulo : Universo dos Livros, 2020.
256 p.

ISBN: 978-85-503-0510-3
Título original: *The master key system*

1. Autoajuda 2. Desenvolvimento pessoal 3. Pensamento novo
I. Título II. Gimenes, Michelle

20-1712 CDD 158.1

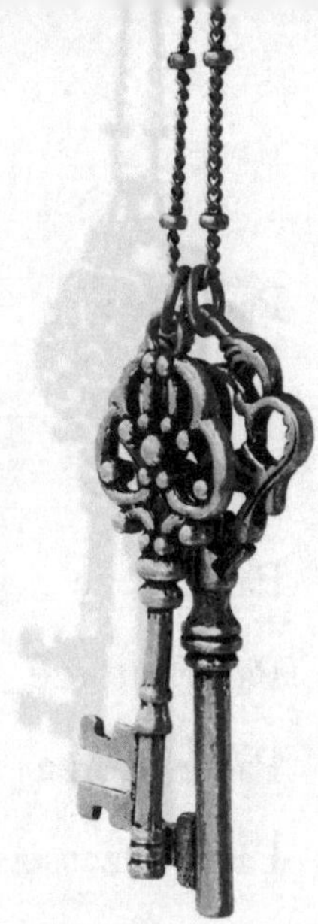

SUMÁRIO

INTRODUÇÃO

A Natureza nos força a passar pela vida. Não podemos ficar parados, por mais que queiramos. Toda pessoa que pensa direito não quer só passar pela vida feito uma planta que anda e fala, mas também evoluir – melhorar – e continuar seu desenvolvimento mental até o fim da vida do seu corpo físico.

Esse desenvolvimento só pode ocorrer por meio do aumento da qualidade dos pensamentos e ideais de uma pessoa, e das ações e condições resultantes. Por isso, um estudo dos processos criativos do pensamento e de como aplicá-los é de suma importância para cada um de nós. É por meio desse conhecimento que a evolução da vida humana na Terra pode ser acelerada e melhorada no processo.

A humanidade busca fervorosamente "A Verdade" e explora todas as vias possíveis para chegar a ela. Nesse processo, surge uma literatura especial, que abrange toda uma gama de pensamentos, do trivial ao sublime – da Adivinhação, passando por todas as Filosofias, até a Verdade final e mais elevada da *Chave Mestra*.

A *Chave Mestra* é dada ao mundo como uma forma de explorar a grande inteligência cósmica e atrair o que corresponde às ambições e aspirações de cada leitor.

Cada coisa e instituição que os cerca, criada pela humanidade, existiu primeiro na forma de pensamento na mente de alguma pessoa. Portanto, o pensamento é construtivo. O pensamento humano é o poder espiritual do cosmo operando por meio de sua criatura humana. *A Chave Mestra* instrui o leitor a usar esse poder, e a utilizá-lo tanto criativa quanto construtivamente. As coisas e condições que desejamos tornam-se realidades que devemos criar primeiro em pensamento. *A Chave Mestra* explica e orienta o processo.

Até agora, os ensinamentos de *A Chave Mestra* tinham sido publicados na forma de um Curso por Correspondência em 24 lições, que eram entregues aos alunos uma a uma durante 24 semanas. O leitor, que agora recebe as 24 lições de uma só vez, não deve tentar ler o livro todo como se fosse um romance, mas tratá-lo como um curso de aprendizagem e absorver metodicamente cada parte, lendo e relendo apenas um capítulo por semana antes de passar para o seguinte. Do contrário, os capítulos finais tendem a ser mal compreendidos, e então o leitor terá perdido tempo e dinheiro.

Se usado conforme as instruções, *A Chave Mestra* fará do leitor uma pessoa melhor, dotada de um novo poder que lhe permite alcançar qualquer objetivo pessoal digno e de uma nova capacidade de desfrutar da beleza e das maravilhas da vida.

F.H. Burgess

PREFÁCIO

Algumas pessoas parecem atrair sucesso, poder, saúde e conquistas sem muito esforço consciente; outras conseguem essas coisas com muita dificuldade; há, ainda, as que falham totalmente em atingir seus ideais e ter suas ambições e desejos realizados. Por que isso acontece? Por que algumas pessoas conseguem realizar seus desejos facilmente, outras com dificuldade e algumas simplesmente não conseguem? A causa não pode ser física porque, se fosse, o indivíduo mais perfeito do ponto de vista físico seria o mais bem-sucedido. A diferença, portanto, deve ser mental, deve ser a mente; então, a mente deve ser a força criativa, deve constituir a única diferença entre as pessoas. Sendo assim, é a mente que vence o ambiente e qualquer outro obstáculo que surja no caminho dos indivíduos.

Quando se entende plenamente o poder criativo do pensamento, seu efeito é visto como maravilhoso. Mas tais resultados não podem ser alcançados sem a devida dedicação, diligência e concentração. O aluno verá que as leis que regem o mundo mental e espiritual são igualmente imutáveis e infalíveis no mundo material. Então, para se alcançar os resultados desejados, é preciso conhecer essas leis e obedecê-las. A devida observação das leis levará aos resultados desejados com precisão invariável. O aluno que entender que o poder vem de dentro e que sua fraqueza vem de sua dependência do exterior, e se voltar sem hesitação para o seu próprio pensamento, imediatamente se aprumará, corrigirá sua postura, assumirá uma atitude dominante e realizará milagres.

Portanto, é evidente que aquele que não examina completamente e não aproveita o maravilhoso progresso que tem sido feito por essa ciência incrível logo será tão atrasado quanto aquele que se recusa a reconhecer e aceitar os benefícios obtidos pela humanidade graças ao entendimento das leis da eletricidade.

É claro que a mente gera condições negativas com a mesma facilidade com que cria condições favoráveis, e quando visualizamos, consciente ou inconscientemente, todo tipo de deficiência, limitação e discórdia, criamos essas condições; e é isso que muitas pessoas fazem o tempo todo de forma inconsciente.

Essa lei, assim como qualquer outra, não depende das pessoas, mas está em constante operação, e atrai de forma inexorável para cada indivíduo exatamente aquilo que ele criou; em outras palavras, "Tudo o que o ser humano semear, isso também colherá".

A fartura, portanto, depende do reconhecimento das leis da Abundância, e do fato de que a Mente não é só a criadora, mas a única criadora de tudo que existe. Certamente nada pode ser criado sem que saibamos que pode ser criado e que então nos dediquemos à sua concretização. Não há mais Eletricidade no mundo hoje do que havia cinquenta anos atrás, mas foi só depois que alguém entendeu a lei que rege a eletricidade que passamos a aproveitá-la. Agora que compreendemos essa lei, praticamente o mundo todo se beneficia da energia elétrica. O mesmo acontece com a lei da Abundância; apenas aqueles que reconhecem, entendem e agem em harmonia com essa lei se beneficiam dela.

O espírito científico agora domina todos os campos do conhecimento. As relações entre causa e efeito não são mais ignoradas.

A descoberta de uma área da lei foi um marco importante na evolução humana. Isso eliminou o elemento de incerteza e de capricho da vida das pessoas, e os substituiu por lei, razão e certeza.

Agora as pessoas entendem que, para cada consequência, há uma causa definida e adequada, de modo que, quando se deseja determinado resultado, é preciso buscar a condição em que tal resultado pode ser alcançado.

A base que fundamenta todas as leis foi descoberta por raciocínio indutivo, que consiste em comparar certo número de condições diferentes entre si até que se encontre um denominador comum que gerou todas elas.

É graças a esse método de estudo que as nações civilizadas alcançaram a prosperidade e a parte mais valiosa de seu conhecimento; ele permitiu prolongar o tempo de vida, mitigou a dor, criou pontes sobre os rios, iluminou a noite com o esplendor do dia, ampliou o alcance da visão, acelerou o movimento, eliminou distâncias, facilitou a interação e permitiu que as pessoas explorassem o oceano e viajassem pelo ar. Então, o ser humano logo tentou estender as bênçãos desse sistema de aprendizagem à sua forma de pensar, de modo que, quando ficou totalmente evidente que certos resultados advinham de determinada forma de pensar, só restava classificar esses resultados.

Este método é científico, e é o único método que nos permite manter aquele grau de liberdade que costumamos ver como um direito inalienável, porque as pessoas estarão seguras em casa e no mundo apenas se houver meios de uma nação garantir melhoria constante da saúde, aumento da eficiência de negócios públicos e privados de qualquer tipo, avanços contínuos da ciência e da arte de maneira conjunta, e se os esforços crescentes com relação a esses e outros aspectos de desenvolvimento nacional forem centrados e girarem em torno de elevar a qualidade de vida, individual e coletivamente, e para isso a ciência, a arte e a ética oferecem orientação e controle.

A Chave Mestra é baseada na verdade científica absoluta e revelará as possibilidades adormecidas em cada indivíduo, ensinando como essas possibilidades podem ser exploradas para aumentar a capacidade efetiva de uma pessoa, bem como sua energia, discernimento, vigor e flexibilidade mental. O aluno que entender as leis mentais aqui reveladas conseguirá alcançar resultados até então inimagináveis e recompensas difíceis de expressar em palavras.

O método explica o uso correto dos elementos receptivos e ativos da natureza mental, e orienta o aluno a reconhecer as oportunidades; fortalece a vontade e os poderes de raciocínio e ensina a cultivar e a usar melhor a imaginação, o desejo, as emoções e a intuição; gera iniciativa, persistência no propósito, sabedoria nas escolhas, empatia inteligente e gozo pleno da vida em seus planos mais elevados.

A Chave Mestra ensina a usar o Poder Mental, o verdadeiro Poder Mental, não qualquer substituto ou distorção. Não tem nada a ver com Hipnose, Magia ou qualquer enganação mais ou menos fascinante que leva algumas pessoas a pensar que poderão alcançar resultados sem esforço.

A Chave Mestra estimula e desenvolve o entendimento, o que permitirá a você controlar seu corpo e, consequentemente, sua saúde. A Chave Mestra melhora e fortalece a Memória. A Chave Mestra desenvolve o Discernimento, algo muito raro, a característica distintiva dos indivíduos bem-sucedidos, que permite que eles enxerguem não só as dificuldades, mas também as possibilidades numa situação, fazendo com que tal pessoa seja capaz de identificar uma oportunidade que está ao seu alcance, enquanto milhares de outras deixariam essa oportunidade escapar e continuariam se esforçando muito em situações que em hipótese alguma poderiam gerar retorno significativo.

A Chave Mestra desenvolve o Poder Mental, o que significa que as outras pessoas instintivamente reconhecem que você é uma pessoa forte, de caráter – e elas querem fazer o que você quer que elas façam. Isso significa que você atrai pessoas e coisas; que você é o que chamam de "pessoa de sorte"; que as "coisas" surgem em seu caminho; que você entendeu as leis fundamentais da Natureza e entrou em harmonia com elas; que você está em sintonia com o Infinito; que você entende a Lei da Atração, as leis Naturais de crescimento e as leis Psicológicas que servem de base para todas as vantagens de saúde, no meio social e no mundo dos negócios.

O Poder Mental é o poder criativo, ele dá a você a capacidade de criar as coisas para si; isso não significa tomar algo de outra pessoa. A Natureza jamais faz coisas desse tipo. A Natureza faz duas folhas de grama nascerem onde antes havia apenas uma, e o Poder Mental permite que as pessoas façam o mesmo.

A Chave Mestra desenvolve discernimento e sagacidade, aumenta a independência, a capacidade e a disposição para ser útil. Ela acaba com a desconfiança, a depressão, o medo, a melancolia e qualquer forma de limitação e fraqueza, incluindo dor e doença. Faz despertar talentos ocultos, gera iniciativa, força, energia e vitalidade. Estimula a apreciação da beleza na Arte, na Literatura e na Ciência.

A Chave Mestra mudou a vida de milhares de homens e mulheres, substituindo incertezas e métodos obscuros por princípios definidos, os quais são a base de todo sistema de eficiência.

Elbert Gary, presidente da United States Steel Corporation, disse: "Os serviços de consultores, orientadores e especialistas em eficiência em gestão são indispensáveis para a maioria das empresas de grande porte, mas eu considero o entendimento e a adoção dos princípios certos muito mais importantes". A Chave Mestra ensina os princípios certos e sugere métodos de aplicação prática desses princípios – e é isso que difere este de qualquer outro curso. Ele ensina que o único valor possível conferido a qualquer princípio tem a ver com sua aplicação. Muitas pessoas leem livros, fazem cursos em casa, assistem a palestras a vida toda sem fazer nenhum progresso na demonstração do valor dos princípios envolvidos. A Chave Mestra sugere formas pelas quais o valor dos princípios ensinados pode ser demonstrado e colocado em prática de verdade no dia a dia.

O pensamento do mundo está mudando. Essa mudança está ocorrendo discretamente e é mais importante do que qualquer outra que o mundo já tenha visto desde o fim do paganismo.

Essa atual revolução das ideias de todas as classes de pessoas, daquelas mais instruídas e superiores e também daquelas da classe trabalhadora, não tem precedentes na história mundial.

Nos últimos tempos, a ciência tem feito descobertas tão grandiosas, revelado tantos recursos, apresentado possibilidades tão grandes e forças tão inimagináveis que os cientistas cada vez mais hesitam em afirmar certas teorias como estabelecidas e inquestionáveis, ou em rejeitar outras teorias como absurdas ou impossíveis, e, assim, uma nova civilização está nascendo. Tradições, crenças e costumes estão morrendo; visão, fé e trabalho estão tomando o lugar dos itens anteriormente mencionados. Os grilhões da tradição estão sendo tirados da humanidade, e, conforme as impurezas do materialismo vão sendo consumidas, o pensamento vai sendo liberado e a verdade, surgindo em traje de gala diante da multidão perplexa.

O mundo todo está às vésperas de uma nova consciência, um novo poder e uma nova realização dentro do eu. O século passado testemunhou o progresso significativo mais magnífico da História. Este século gerará a maior evolução em matéria de poder mental e espiritual.

A Ciência Física decompôs a matéria em moléculas, as moléculas em átomos, os átomos em energia, e coube a *sir* Ambrose Fleming, em seu discurso na Royal Institution, decompor essa energia na mente. Ele disse: "Em última essência, a energia pode ser incompreensível para nós, sendo vista apenas como uma demonstração da ação direta do que chamamos de Mente ou Vontade".

Vejamos quais são as forças mais poderosas da Natureza. No mundo mineral, tudo é sólido e imóvel. Nos reinos animal e vegetal, há uma espécie de fluxo, a mudança é constante, sempre há algo sendo criado e recriado. Na atmosfera, encontramos calor, luz e energia. Cada campo se torna mais sutil e espiritual quando passamos do visível para o invisível, do grosseiro para o refinado, da baixa potencialidade para a alta potencialidade. Ao alcançarmos o invisível, encontramos a energia em seu estado mais puro e mais volátil.

E assim como as forças mais poderosas da Natureza são invisíveis, descobrimos que nos seres humanos as forças mais poderosas também são invisíveis – sua força espiritual –, e que a única maneira de expressar a força espiritual é por meio do processo de pensamento. Pensar é a única atividade do espírito, e o pensamento é o único resultado dessa ação.

Assim, adição e subtração são operações espirituais; raciocínio é um processo espiritual; ideias são concepções espirituais; perguntas são holofotes espirituais; e lógica, argumentação e filosofia constituem a máquina espiritual.

Todo pensamento aciona determinado tecido físico, partes do cérebro, nervo ou músculo. Isso gera uma mudança física real na constituição do tecido. Portanto, só é preciso certo número de pensamentos voltados para um assunto para gerar uma mudança completa na organização física de uma pessoa.

É por meio desse processo que fracasso se transforma em sucesso. Pensamentos de fracasso, desespero, deficiência, limitação e discórdia são substituídos por pensamentos de coragem, força, inspiração e harmonia, e, quando tais pensamentos se enraízam, o tecido físico é alterado e a pessoa passa a enxergar a vida de um jeito diferente, coisas do passado realmente ficam para trás, tudo se torna novo, a pessoa renasce, desta vez fruto do espírito, a vida ganha um novo significado, a pessoa é reconstituída e preenchida de alegria, confiança, esperança e energia. Essa pessoa passa a identificar oportunidades de sucesso que antes não via. A pessoa passa a reconhecer possibilidades que antes não significavam nada para ela. Os pensamentos de sucesso que preencheram essa pessoa são irradiados para aqueles que a cercam, e esses indivíduos, por sua vez, ajudam a pessoa a continuar seguindo em frente e para cima. A pessoa atrai para si outras pessoas novas e bem-sucedidas, e isso muda o seu ambiente. Assim, por meio deste simples exercício de pensamento, uma pessoa é capaz de mudar não apenas a si mesma, mas também seu ambiente, suas circunstâncias e condições.

Você verá – deve ver – que estamos vivendo a aurora de novos tempos; que as possibilidades são tão maravilhosas, tão fascinantes, tão ilimitadas que são quase desconcertantes. Um século atrás, qualquer pessoa que tivesse um avião ou uma metralhadora poderia aniquilar um exército inteiro que tivesse equipado com a parafernália de guerra daquele período. A mesma coisa acontece agora. Qualquer pessoa que conheça as possibilidades contidas na Chave Mestra tem uma vantagem inimaginável sobre as demais.

PARTE UM

Tenho a honra de apresentar o Sistema da Chave Mestra. Você gostaria de ter mais poder em sua vida? Use a consciência de poder. Mais saúde? Use a consciência de saúde. Mais felicidade? Use a consciência de felicidade. Viva o espírito dessas coisas até que elas se tornem suas por direito. Então, será impossível mantê-las longe de você. As coisas mundanas são a seiva do poder interno de uma pessoa, o que permite que você as controle.

Você não precisa adquirir esse poder. Você já o tem, mas precisa entendê-lo; precisa usá-lo; precisa controlá-lo; precisa impregnar-se dele, para que possa ir adiante e conduzir o mundo à sua frente.

Dia após dia, conforme avança, conforme ganha impulso, conforme sua inspiração se aprofunda, conforme seus planos se concretizam, conforme ganha entendimento, você passa a perceber que este mundo não é apenas um monte de pedras e árvores inanimadas, e sim, algo vivo! Ele é feito dos corações pulsantes da humanidade. Algo de vida e beleza.

É evidente que trabalhar com o material dessa descrição requer entendimento, mas aqueles que chegam a esse entendimento são inspirados por uma nova luz, uma nova força, e ganham confiança e mais poder a cada dia, transformam suas esperanças e sonhos em realidade. Para essas pessoas, a vida tem um significado mais profundo, mais claro e mais completo que antes.

Então, vamos agora para a Parte Um.

1. Quanto mais se tem, mais se consegue é uma afirmação verdadeira em qualquer plano de existência; assim como quanto menos se tem, menos se consegue é igualmente verdade.
2. A mente é criativa, e as condições, o ambiente e todas as experiências que vivemos são o resultado de nossa atitude mental habitual ou predominante.
3. A atitude mental depende necessariamente do que pensamos. Portanto, o segredo de todo poder, toda realização e toda conquista depende de nossa forma de pensar.
4. Isso é verdade porque devemos "ser" antes de podermos "fazer", e podemos "fazer" somente na medida em que "somos", e o que "somos" depende do que "pensamos".
5. Não podemos expressar poderes que não temos. A única forma de garantirmos a posse do poder é ganhando a consciência do poder, e jamais ganharemos a consciência do poder se não aprendermos que todo poder vem de dentro.
6. Existe um mundo interior – um mundo de pensamentos, sentimentos e poder; de luz, vida e beleza e, embora invisível, suas forças são poderosas.

7. O mundo interior é regido pela mente. Quando descobrimos esse mundo, encontramos a solução para todos os problemas, a causa de qualquer efeito; e como o mundo interior está sujeito ao nosso controle, todas as leis de poder e posse também estão sob nosso controle.

8. O mundo exterior é um reflexo do mundo interior. O que aparece do lado de fora é o que se encontra do lado de dentro. No mundo interior, podemos encontrar Sabedoria infinita, Poder infinito, Suprimento infinito de tudo o que é necessário, esperando para ser revelado, desenvolvido e expressado. Se reconhecermos essas potencialidades do mundo interior, elas tomarão forma no mundo exterior.

9. A harmonia do mundo interior se refletirá no mundo exterior na forma de condições harmoniosas, ambientes agradáveis, o melhor de tudo. Ela é a base da saúde e de tudo o que é necessário para toda grandeza, todo poder, toda conquista, toda realização e todo sucesso.

10. Harmonia no mundo interior significa a capacidade de controlar nossos pensamentos e de determinar como qualquer experiência irá nos afetar.

11. Harmonia no mundo interior resulta em otimismo e prosperidade; prosperidade interna resulta em prosperidade externa.

12. O mundo exterior reflete as circunstâncias e as condições da consciência interna.

13. Se encontrarmos a sabedoria no mundo interior, teremos entendimento para discernir as maravilhosas possibilidades

latentes nesse mundo interior, e teremos poder para fazer com que elas se manifestem no mundo exterior.

14. Conforme ganhamos consciência da sabedoria no mundo interior, mentalmente tomamos posse dessa sabedoria, e ao tomarmos posse mentalmente passamos a possuir, de fato, a sabedoria e o poder necessários para fazer com que se manifeste tudo o que for necessário para nosso desenvolvimento mais completo e harmonioso.

15. O mundo interior é o mundo prático, no qual mulheres e homens poderosos geram coragem, esperança, entusiasmo, segurança, confiança e fé, e, por meio disso, alcançam inteligência excepcional, que lhes permite ter a visão e a habilidade prática para transformar tal visão em realidade.

16. A vida é desenvolvimento, não acréscimo. O que conseguimos no mundo exterior é o que já possuímos no mundo interior.

17. Toda posse é baseada em consciência. Todo ganho é resultado de consciência concentrada. Toda perda é resultado de consciência dispersada.

18. Eficiência mental depende da harmonia; dissonância significa confusão; portanto, aquele que adquire poder deve estar em harmonia com a Lei da Natureza.

19. Nós nos conectamos com o mundo exterior por meio da mente objetiva. O cérebro é o órgão dessa mente, e o sistema nervoso central nos coloca em comunicação consciente com todas as partes do corpo. Esse sistema responde a toda sensação de luz, calor, odor, som e sabor.

20. Quando essa mente pensa corretamente, quando compreende a verdade, quando os pensamentos enviados ao corpo através do sistema nervoso central são construtivos, essas sensações são agradáveis, harmoniosas.

21. O resultado é que desenvolvemos força, vitalidade e todas as forças construtivas em nosso corpo, mas é através dessa mesma mente objetiva que toda perturbação, doença, insuficiência, limitação e toda forma de dissonância e falta de harmonia entram em nossa vida. Portanto, é por meio da mente objetiva, através de pensamentos errados, que nos ligamos a todas as forças destrutivas.

22. Nós nos conectamos com o mundo interior através da mente subconsciente. O plexo solar é o órgão dessa mente. O sistema nervoso simpático controla todas as sensações subjetivas, tais como alegria, medo, amor, emoção, respiração, imaginação e todos os outros fenômenos subconscientes. É por meio do subconsciente que nos conectamos com a Mente Universal e estabelecemos uma relação com as forças construtivas Infinitas do Universo.

23. A coordenação desses dois centros de nosso ser, bem como o entendimento de suas funções, é o grande segredo da vida. Com esse conhecimento podemos fazer com que as mentes objetiva e subjetiva trabalhem juntas e de forma consciente e, assim, coordenem o finito e o infinito. Nosso futuro pode ser totalmente controlado por nós. Ele não está à mercê de nenhum poder externo incerto ou caprichoso.

24. Todos concordam que existe apenas um Princípio ou Consciência que permeia todo o Universo, ocupa todo o espaço e é

essencialmente o mesmo em cada ponto de sua presença. Ele representa todo o poder, toda a sabedoria e está sempre presente. Todos os pensamentos e todas as coisas estão contidos Nele. É o todo em tudo.

25. Existe apenas uma consciência no universo capaz de pensar; e, quando pensa, seus pensamentos tornam-se coisas objetivas. Como essa Consciência é onipresente, deve estar presente em todos os indivíduos; cada indivíduo deve ser uma manifestação dessa Consciência Onipotente, Onisciente e Onipresente.

26. Como só existe uma Consciência no Universo capaz de pensar, isso significa necessariamente que sua consciência é idêntica à Consciência Universal, ou, em outras palavras, todas as mentes são uma só. Não há nenhum truque nessa conclusão.

27. A consciência que foca em suas células cerebrais é a mesma que foca nas células cerebrais de todos os outros indivíduos. Cada indivíduo é apenas a individualização da Mente Universal, da Mente Cósmica.

28. A Mente Universal é uma energia estática ou potencial, apenas isso. Ela pode se manifestar somente através do individual, e o individual só pode se manifestar através da Mente Universal. Eles são uma coisa só.

29. A capacidade do indivíduo de pensar é sua capacidade de agir na Mente Universal e transformar isso em manifestação. A consciência humana nada mais é do que a capacidade dos seres humanos de pensar. Acredita-se que a própria mente seja uma forma sutil de energia estática, da qual resultam ati-

vidades chamadas “pensamentos”, que são a fase dinâmica da mente. A mente é energia estática, o pensamento é energia dinâmica – duas fases da mesma coisa. Portanto, o pensamento é a força vibratória formada pela conversão da mente estática em mente dinâmica.

30. Como a soma de todos os atributos está contida na Mente Universal, que é Onipotente, Onisciente e Onipresente, esses atributos devem estar sempre presentes em sua forma potencial em todos os indivíduos. Portanto, quando o indivíduo pensa, o pensamento é forçado, por sua natureza, a incorporar uma objetividade ou condição que corresponda à sua origem.

31. Assim, todo pensamento é uma causa, e toda condição, um efeito; por esse motivo, é absolutamente crucial que você controle seus pensamentos, para que eles gerem apenas condições desejáveis.

32. Todo poder vem de dentro, e você tem o controle total desse poder; ele vem do conhecimento preciso e por meio de exercícios voluntários de princípios exatos.

33. É óbvio que quando você adquirir um conhecimento detalhado dessa lei e for capaz de controlar seus processos de pensamento, conseguirá aplicá-la a qualquer condição. Em outras palavras, conseguirá agir em cooperação consciente com a lei Onipotente, a base fundamental de todas as coisas.

34. A Mente Universal é o princípio vital de cada átomo existente; cada átomo esforça-se continuamente para manifestar mais vida; todas são inteligentes, e todas buscam cumprir o propósito para o qual foram criadas.

35. A maior parte da humanidade vive no mundo exterior. Poucas pessoas encontraram o mundo interior; ainda assim, é o mundo interior que gera o exterior. Portanto, o mundo interior é criativo, e tudo o que você encontra no mundo exterior foi criado por você em seu mundo interior.

36. Este sistema fará você conhecer o poder que será seu assim que entender essa relação entre o mundo exterior e o interior. O mundo interior é a causa, o mundo exterior é o efeito; para mudar o efeito, você deve mudar a causa.

37. Você verá que esta é uma ideia radicalmente nova e diferente. A maioria das pessoas tenta mudar os efeitos focando nos efeitos. Elas não conseguem perceber que isso apenas troca uma forma de perturbação por outra. Para acabar com a dissonância, devemos eliminar a causa, e essa causa só pode ser encontrada no mundo interior.

38. Todo crescimento vem de dentro. Isso é evidente em toda a natureza. Cada planta, cada animal, cada ser humano é um exemplo vivo dessa grande lei, e o erro desde sempre é buscar a força ou o poder no exterior.

39. O mundo interior é a fonte de suprimento Universal, e o mundo exterior é o escoadouro desse suprimento. Nossa capacidade de receber depende de nosso reconhecimento dessa Fonte Universal, dessa Energia Infinita de que cada indivíduo é um escoadouro, assim como cada um em relação aos outros indivíduos.

40. Reconhecimento é um processo mental; portanto, ação mental é a interação do indivíduo com a Mente Universal, e como

a Mente Universal é a inteligência que permeia todo o espaço e anima todos os seres vivos, essa ação e reação mental é a lei da causalidade, mas o princípio da causalidade não vem do indivíduo, e sim da Mente Universal. Não é uma faculdade objetiva, mas um processo subjetivo, e os resultados são vistos em uma gama infinita de condições e experiências.

41. Para que a vida se expresse, deve haver uma mente; nada pode existir sem a mente. Tudo que existe é alguma manifestação dessa substância básica com a qual tudo foi criado e é continuamente recriado.

42. Vivemos em um mar insondável de substância mental plástica. Essa substância está sempre viva e ativa. Ela tem o mais alto grau de sensibilidade. Toma forma de acordo com a demanda mental. O pensamento cria o molde ou a matriz em que a substância se expressa.

43. Lembre-se de que é apenas na aplicação que reside o valor, e que um entendimento prático dessa lei substituirá a pobreza por fartura, a ignorância por sabedoria, a dissonância por harmonia e a tirania por liberdade, e certamente não pode haver maior bênção que essa, do ponto de vista material e social.

44. Agora vamos colocar em prática: escolha um local em que você possa ficar sozinho e não seja perturbado; sente-se com as costas retas, de maneira confortável, mas não relaxado; deixe seus pensamentos vagarem à vontade, mas permaneça totalmente imóvel por um período de quinze a trinta minutos; continue fazendo esse exercício durante três ou quatro dias ou por uma semana, até que você adquira pleno controle de seu corpo físico.

45. Muitos acharão o exercício extremamente difícil; outros conseguirão fazê-lo com facilidade, mas é fundamental atingir o controle total do corpo antes de passar para a próxima etapa. Na semana que vem, você receberá instruções para a próxima fase. Enquanto isso, pratique até alcançar o objetivo desta lição.

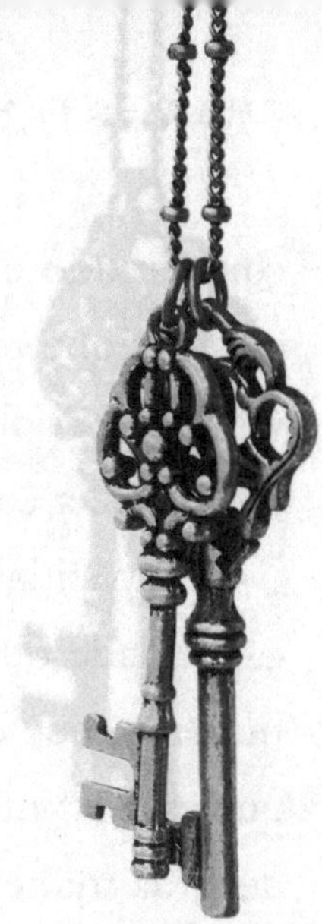

PARTE DOIS

Nossas dificuldades se devem, em grande parte, a ideias confusas e ignorância de nossos verdadeiros interesses. A principal tarefa é descobrir as leis da natureza às quais devemos adaptar nossos interesses. Pensamento claro e discernimento moral, portanto, têm valor inestimável. Todos os processos, mesmo aqueles de pensamento, têm bases sólidas.

Quanto mais aguçadas as sensibilidades, mais perspicaz o julgamento, mais delicado o gosto, mais refinados os sentimentos morais, mais sutil a inteligência, mais elevada a inspiração, mais puras e mais intensas as gratificações que a existência oferece. Assim, estudar o melhor de tudo que já se pensou no mundo é um prazer imenso.

Os poderes, usos e possibilidades da mente de acordo com as novas interpretações são incomparavelmente mais maravilhosos que os feitos mais extravagantes, ou até mesmo que os sonhos de progresso material.

Pensamento é energia. Pensamento ativo é energia ativa; pensamento concentrado é energia concentrada. Pensamento concentrado em um propósito definido se torna poder. É esse o poder que tem sido usado por aqueles que não acreditam na virtude da pobreza ou na beleza da abnegação. Eles entendem que essa é a conversa dos fracos.

A capacidade de receber e manifestar esse poder depende da capacidade de reconhecer a Energia Infinita que reside no ser humano, que constantemente cria e recria seu corpo e mente, e que está pronta a qualquer momento para se manifestar através dele, da maneira que for necessária. Exatamente a mesma proporção do reconhecimento dessa verdade se manifestará na vida exterior do indivíduo.

A Parte Dois explica como isso acontece.

1. As operações da mente são produzidas por dois modos de atividade paralelos: um consciente e um subconsciente. O professor Davidson diz: "Aquele que pensa iluminar toda a gama de ação mental com a luz de sua mente consciente não é diferente daquele que sai por aí iluminando o universo com uma simples vela".

2. Os processos lógicos do subconsciente são executados com tal certeza e regularidade que não existiriam se houvesse a possibilidade de erro. Nossa mente foi projetada de modo a nos preparar para os fundamentos mais importantes da cognição, embora não tenhamos o menor entendimento de seu *modus operandi*.

3. A alma subconsciente, como um estranho benevolente, age e trabalha em nosso benefício, depositando apenas o fruto maduro em nosso colo; assim, a análise final dos processos

de pensamento mostra que o subconsciente é o palco onde ocorrem os fenômenos mentais mais importantes.

4. Foi através do subconsciente que Shakespeare deve ter percebido, sem esforço, grandes verdades que escapam à mente consciente do aluno; que Fídias esculpiu em mármore e bronze; que Rafael pintou Madonas e que Beethoven compôs sinfonias.

5. Facilidade e perfeição dependem totalmente do nosso grau de não depender do consciente; tocar piano, esquiar, datilografar, negociar... tudo isso, para sua execução perfeita, depende do processo da mente subconsciente. A maravilha que é tocar uma peça brilhante ao piano e ao mesmo tempo participar de uma discussão acalorada mostra a grandeza de nossos poderes do subconsciente.

6. Todos sabemos o quanto somos dependentes do subconsciente, e quanto maiores, mais nobres e mais brilhantes são nossos pensamentos, mais fica óbvio para nós mesmos que sua origem está além da nossa compreensão. Somos dotados de tato, instinto, senso de beleza na arte, na música etc., a cuja origem ou lugar de residência somos totalmente inconscientes.

7. O valor do subconsciente é enorme; ele nos inspira, nos adverte, nos fornece nomes, fatos e imagens guardados em nossa memória. Ele orienta nossos pensamentos e gostos e realiza tarefas tão intrincadas que nenhuma mente consciente seria capaz de realizar, nem se tivesse poder para isso.

8. Podemos andar quando temos vontade; podemos erguer um braço sempre que queremos; podemos voltar nossa atenção com os olhos ou ouvidos a qualquer coisa que nos interesse.

Por outro lado, não podemos interromper nossos batimentos cardíacos nem a circulação de nosso sangue, nem o aumento de nossa estatura, nem a formação de tecidos nervosos ou musculares, nem a constituição dos ossos, nem muitos outros processos vitais importantes.

9. Se compararmos esses dois tipos de ação – aquele ditado pela vontade momentânea e aquele que segue um curso rítmico majestoso e não está sujeito a vacilação, sendo constante o tempo todo –, ficaremos admirados com este último, e pediremos que esse mistério nos seja explicado. Vemos logo de cara que são processos vitais de nossa vida física, e não podemos deixar de inferir que essas funções importantíssimas foram tiradas do domínio de nossa vontade exterior, com suas variações e oscilações, e colocadas sob o controle de um poder permanente e confiável interno.

10. Desses dois poderes, o externo e variável foi batizado de "Mente Consciente", ou "Mente Objetiva" (aquela que lida com assuntos externos). O poder interior é chamado de "Mente Subconsciente", ou "Mente Subjetiva", e, além de seu trabalho no plano mental, também controla as funções regulares que tornam a vida física possível.

11. É necessário ter um entendimento claro das respectivas funções no plano mental, bem como de outros princípios básicos. Ao perceber e operar através dos cinco sentidos físicos, a mente consciente lida com as impressões e objetos da vida exterior.

12. A mente consciente tem a capacidade de discernimento, que traz com ela a responsabilidade da escolha. Tem o

poder de raciocínio – seja indutivo, dedutivo, analítico ou silogístico – e esse poder pode ser desenvolvido até um grau elevado. É a sede da vontade, com todas as energias que fluem a partir daí.

13. Ela não só pode impressionar outras mentes, mas também direcionar a mente subconsciente. Nesse sentido, a mente consciente torna-se a regente e guardiã responsável da mente subconsciente. E é nessa função superior que consegue reverter completamente condições da sua vida.

14. Geralmente é verdade que condições de medo, preocupação, pobreza, doença, desarmonia e males de todo tipo conseguem nos dominar devido às falsas sugestões aceitas pela mente subconsciente desprotegida. A mente consciente treinada pode evitar tudo isso com sua ação protetora vigilante. Ela pode ser devidamente chamada de "vigia no portão" do grande domínio subconsciente.

15. Um escritor expressou a principal distinção entre as duas fases da mente da seguinte forma: "A mente consciente é a vontade da razão. A mente subconsciente é o desejo instintivo, resultado de uma antiga vontade da razão".

16. A mente subconsciente faz inferências exatas e precisas com base nas premissas fornecidas por fontes externas. Se a premissa é verdadeira, a mente subconsciente chega a uma conclusão correta, mas se for falsa, toda a estrutura desmorona. A mente subconsciente não participa do processo de verificação. Ela confia que a mente consciente, o "vigia no portão", a protegerá de impressões errôneas.

17. Ao aceitar qualquer sugestão como verdadeira, a mente subconsciente passa a agir imediatamente com base nela em todo o domínio de seu vasto campo de ação. A mente consciente pode fazer uma sugestão verdadeira ou falsa. Neste último caso, isso coloca em grande risco todo o ser.

18. A mente consciente deve estar funcionando todas as horas que a pessoa passa acordada. Quando o "vigia" "baixa a guarda", ou quando seu julgamento sereno é suspenso, por inúmeros motivos, a mente subconsciente fica desprotegida e aberta à sugestão feita por todas as fontes. Durante a agitação descontrolada do pânico, ou durante um acesso de raiva, ou diante dos impulsos de uma multidão irresponsável ou em qualquer outro momento de paixão desenfreada, as condições são mais perigosas. A mente subconsciente fica sujeita à sugestão de medo, ódio, egoísmo, cobiça, autodepreciação e outras forças negativas, derivadas das pessoas ou circunstâncias ao seu redor. O resultado geralmente é prejudicial ao extremo, com efeitos que podem continuar perturbando a mente subconsciente por muito tempo. Por isso, é muito importante protegê-la de falsas impressões.

19. A mente subconsciente percebe as coisas por intuição. Logo, seus processos são rápidos. Não há métodos lentos de raciocínio consciente envolvidos. Na verdade, ela não é capaz de utilizá-los.

20. A mente subconsciente nunca dorme, nunca descansa, assim como o seu sangue ou o seu coração. Descobriu-se que, quando a mente subconsciente é informada de que certas

coisas precisam ser feitas, entram em operação forças que levam ao resultado desejado. Portanto, aqui está uma fonte de poder que nos coloca em contato com a Onipotência. Aqui está um princípio profundo muito útil para o nosso mais sério estudo.

21. O funcionamento dessa lei é interessante. Aqueles que a colocam em prática sentem como se saíssem para encontrar uma pessoa com quem esperam ter uma conversa difícil, mas algo chega antes deles e resolve as supostas diferenças; tudo fica diferente; tudo fica harmonioso; eles descobrem que, quando surge algum problema complicado no trabalho, podem esperar um pouco que algo logo sugere a solução apropriada, tudo se ajeita perfeitamente. Na verdade, aqueles que aprendem a confiar no subconsciente descobrem que têm infinitos recursos ao seu dispor.

22. A mente subconsciente é a sede de nossos princípios e aspirações. É a fonte de nossos ideais artísticos e altruístas. Esses instintos só podem ser vencidos por um processo elaborado e gradual de enfraquecimento dos princípios inatos.

23. A mente subconsciente não é capaz de discutir controvérsias. Assim, se ela aceitou sugestões falsas, a forma certa de superá-las é utilizando uma potente sugestão em contrário, que deve ser repetida frequentemente para que a mente a aceite, para que acabe criando hábitos novos e saudáveis de pensar e viver, porque a mente subconsciente é onde reside o Hábito. O que fazemos repetidamente torna-se mecânico; deixa de ser um ato de reflexão, mas faz marcas profundas na mente subconsciente. Isso nos favorece se o hábito for saudável e correto.

Se esse hábito for prejudicial e errado, o remédio é reconhecer a onipotência da mente subconsciente e sugerir a liberdade real e presente. O subconsciente, sendo criativo e uno com nossa fonte divina, criará imediatamente a liberdade sugerida.

24. Resumindo: As funções normais do subconsciente no campo físico têm a ver com processos vitais e regulares, com a preservação da vida e a restauração da saúde e com os cuidados com os filhos, o que inclui um desejo instintivo de preservar toda vida e melhorar as condições em geral.

25. No campo mental, o subconsciente é o depósito de memórias; abriga os maravilhosos mensageiros que transmitem o pensamento e que trabalham livres do tempo e do espaço; é a fonte da iniciativa prática e das forças construtivas da vida; é onde reside o hábito.

26. No campo espiritual, o subconsciente é a fonte dos ideais, da aspiração, da imaginação, é o canal pelo qual reconhecemos nossa Origem Divina, e, de modo proporcional, conforme reconhecemos essa divindade, passamos a entender a fonte de poder.

27. Alguns podem perguntar: "Por que o subconsciente pode alterar as condições?". A resposta é: porque o subconsciente é uma parte da Mente Universal, e uma parte deve ter a mesma natureza e qualidade do todo; a única diferença entre o todo e a parte é o grau. O todo, como sabemos, é criativo; na verdade, é o único criador que existe e, consequentemente, a mente é criativa, e, como o pensamento é a única atividade que a mente possui, o pensamento deve, necessariamente, ser criativo também.

28. Mas veremos que há uma enorme diferença entre apenas pensar e direcionar nossos pensamentos de forma consciente, sistemática e construtiva. Ao fazermos isso, colocamos nossa mente em harmonia com a Mente Universal, entramos em sintonia com o Infinito, colocamos em ação a força mais poderosa que existe: o poder criativo da Mente Universal. Esse poder, como qualquer outra coisa, é regido pela lei natural, e essa lei é a "Lei da Atração", o que significa que a Mente é criativa e automaticamente cria uma correlação com seu objetivo e o manifesta.

29. Na semana passada, passei a você um exercício que tinha como objetivo assumir o controle do corpo físico; se conseguiu atingir esse objetivo, você está pronto para seguir adiante. Agora, você começará a controlar seus pensamentos. Use sempre o mesmo local, a mesma cadeira e a mesma posição, se possível. Às vezes, não é conveniente usar o mesmo ambiente; nesse caso você deve usar as condições disponíveis da melhor maneira que puder. Fique totalmente imóvel, como antes, mas evite todos os pensamentos; isso lhe dará controle sobre todos os pensamentos relacionados a inquietações, preocupações e medo, e permitirá que você tenha apenas o tipo de pensamento que deseja. Continue praticando até ter dominado esta técnica.

30. Você só conseguirá fazer esse exercício alguns minutos por vez, mas é um exercício valioso, porque será uma demonstração prática do grande número de pensamentos que estão constantemente tentando ter acesso ao seu mundo mental.

31. Na próxima semana, você receberá instruções para um exercício um pouco mais interessante, mas primeiro deve dominar este.

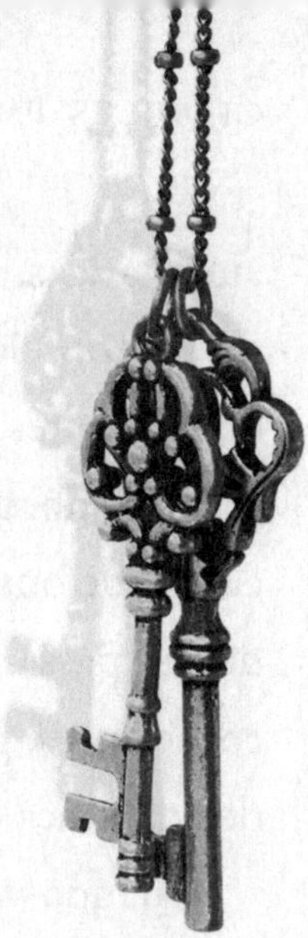

PARTE TRÊS

Até agora você viu que o Individual pode agir sobre o Universal, e que o resultado dessa ação e interação é causa e efeito. Portanto, o pensamento é a causa, e as experiências que você tem em sua vida são o efeito.

Assim, elimine qualquer tendência possível de reclamar das condições, sejam elas passadas ou presentes, porque cabe a você mudá-las e fazer com que sejam como você gostaria que fossem.

Direcione seus esforços para a compreensão dos recursos mentais, que estão sempre sob o seu controle e são a origem de todo poder real e duradouro.

Persista nessa prática até entender que não há como haver falha na realização de qualquer objetivo em sua vida se você entender o seu poder e insistir em seu objetivo, porque as forças da mente estão sempre prontas para servir a uma vontade firme, num esforço para transformar pensamentos e desejos em ações, acontecimentos e condições.

Enquanto a origem de cada função vital e de cada ação é resultado do pensamento consciente, as ações habituais são automáticas, e o pensamento que as controla vem do campo do subconsciente; mesmo assim, continua sendo tão inteligente quanto antes. É preciso que essas ações passem a ser automáticas, ou subconscientes, para que a mente autoconsciente possa cuidar de outras coisas. Entretanto, as novas ações, por sua vez, devem passar a ser habituais, e depois automáticas, e então subconscientes, para que a mente possa, mais uma vez, ser liberada dos detalhes e vá cuidar de outras atividades.

Quando você entender isso, encontrará uma fonte de poder que lhe permitirá lidar com qualquer situação que venha a surgir em sua vida.

1. A interação necessária entre a mente consciente e a mente subconsciente requer uma interação parecida entre os sistemas nervosos correspondentes. O juiz Thomas Troward indica uma forma excelente pela qual essa interação é realizada. Ele diz: "O sistema nervoso central é o órgão da mente consciente, enquanto o sistema nervoso simpático é o órgão do subconsciente. O sistema nervoso central é o canal através do qual recebemos a percepção consciente dos sentidos físicos e exercemos o controle dos movimentos do corpo. O centro desse sistema de nervos é o cérebro".
2. O centro do Sistema Nervoso Simpático é uma massa ganglionar localizada atrás do estômago – conhecida como Plexo Solar –, e é o canal daquela ação mental que suporta, de forma inconsciente, as funções vitais do corpo.
3. A ligação entre os dois sistemas é feita pelo nervo vago, que vai da região cerebral, como parte do sistema voluntário, até

o tórax, com ramificações para o coração e para os pulmões, e por fim atravessa o diafragma, onde perde seu revestimento externo e passa a ser identificado como nervo do Sistema Nervoso Simpático, formando uma ligação entre os dois sistemas e tornando o ser humano uma "entidade única" do ponto de vista físico.

4. Vimos que todo pensamento é recebido pelo cérebro, o órgão da consciência; portanto, está sujeito ao nosso poder de raciocínio. Depois que a mente objetiva confirma que o pensamento é verdadeiro, ela o envia ao Plexo Solar, ou cérebro da mente subjetiva, para que seja convertido em nossa carne, para que seja trazido ao mundo como realidade. Então, esse pensamento já não está mais suscetível a nenhum tipo de argumento. A mente subconsciente não é capaz de argumentar; ela apenas age. Ela aceita as conclusões da mente objetiva como definitivas.

5. O Plexo Solar foi comparado ao corpo como um todo porque é um ponto central de distribuição da energia que o corpo gera de forma constante. Essa energia é muito real, e esse sol é muito real, e a energia é distribuída por nervos muito reais para todas as partes do corpo, e é lançada na atmosfera que circunda o corpo.

6. Se essa radiação for suficientemente forte, a pessoa é chamada de magnética; diz-se que esse indivíduo tem magnetismo pessoal. Essa pessoa pode ter um poder imenso de fazer o bem. Sua simples presença é capaz de confortar as mentes perturbadas com que tiver contato.

7. Quando o Plexo Solar está ativo e irradiando vida, energia e vitalidade para todas as partes do corpo, e para todas as

pessoas que encontra, as sensações são agradáveis, o corpo se enche de saúde, e todos aqueles que tiverem contato com essa pessoa experimentam uma sensação agradável.

8. Quando acontece alguma interrupção dessa radiação, as sensações são desagradáveis, o fluxo de vida e energia para algumas partes do corpo cessa, e essa é a causa de todo mal da raça humana, seja ele físico, mental ou ambiental.

9. Físico porque esse sol não gera mais energia suficiente para vitalizar algumas partes do corpo; mental porque a mente consciente depende da mente subconsciente para que a vitalidade necessária suporte seus pensamentos; e ambiental porque a ligação entre a mente subconsciente e a Mente Universal é interrompida.

10. O Plexo Solar é o ponto em que a parte encontra o todo, em que o finito se torna Infinito, em que o Não Criado é criado, o Universal se torna individual, o Invisível se torna visível. É o ponto em que a vida surge e não há limite de quantidade de vida que um indivíduo pode gerar a partir desse centro Solar.

11. Esse centro de energia é Onipotente porque é o ponto de contato com toda vida e toda inteligência. Portanto, ele pode realizar qualquer coisa que for orientado a executar, e nele reside o poder da mente consciente; o subconsciente pode realizar e realizará os planos que a mente consciente lhe sugerir.

12. O pensamento consciente, então, é o mestre desse centro solar a partir do qual a vida e a energia fluem para todo o corpo, e a qualidade dos pensamentos que temos determina a qualidade dos pensamentos que esse sol irradiará, e a

natureza dos pensamentos que nossa mente consciente tem determinará a natureza dos pensamentos que esse sol irradiará e, consequentemente, isso determinará a natureza da experiência resultante.

13. Portanto, é evidente que tudo que temos de fazer é deixar nossa luz brilhar; quanto mais energia irradiarmos, mais rápido conseguiremos transformar condições indesejáveis em fontes de prazer e proveito. A pergunta importante então é: como deixar essa luz brilhar e como gerar essa energia?

14. O pensamento não resistente expande o Plexo Solar; o pensamento resistente o contrai. Pensamento agradável o expande; pensamento desagradável o contrai. Pensamentos de coragem, poder, confiança e esperança geram um estado correspondente, mas o medo é o arqui-inimigo do Plexo Solar e deve ser totalmente eliminado antes que possa irradiar qualquer luz. Esse inimigo deve ser completamente destruído; deve ser exterminado; deve ser expulso para sempre; ele é a nuvem que esconde o sol, e isso causa uma escuridão perpétua.

15. É esse demônio pessoal que faz com que as pessoas tenham medo do passado, do presente e do futuro; tenham medo de si mesmas, de seus amigos e de seus inimigos; tenham medo de tudo e de todos. Quando o medo é efetiva e completamente destruído, nossa luz brilha, as nuvens se dispersam e encontramos a fonte de poder, de energia e de vida.

16. Quando você descobrir que é de fato uno com o poder Infinito, e quando conseguir usar esse poder de forma

consciente por meio de uma demonstração prática da sua capacidade de superar qualquer condição adversa com o poder do seu pensamento, não temerá mais nada; o medo será destruído e você tomará posse do que é seu por direito inato.

17. É nossa atitude mental diante da vida que determina as experiências com as quais nos deparamos. Se não esperamos nada, não conseguimos nada; se exigimos muito, recebemos a porção maior. O mundo só é hostil se não formos assertivos. A noção de que o mundo é implacável só é verdadeira para aqueles que não conseguem impor seus pensamentos. É o medo desse tipo de crítica que faz com que muitas ideias nunca vinguem.

18. Mas a pessoa que sabe que tem um Plexo Solar não teme críticas nem coisa alguma; ela estará ocupada demais irradiando coragem, confiança e poder; ela preverá o sucesso com sua atitude mental; ela derrubará obstáculos e saltará por cima do abismo da dúvida e da hesitação que o medo coloca em seu caminho.

19. Conhecer nossa capacidade de irradiar saúde, força e harmonia nos fará perceber que não há nada a temer, porque estamos em contato com a Força Infinita.

20. É possível obter esse conhecimento por meio da aplicação prática dessa informação. Aprendemos fazendo; é por meio da prática que o atleta torna-se poderoso.

21. Como a afirmação seguinte tem uma importância considerável, eu a apresentarei de várias maneiras, para que você não deixe de compreender totalmente seu significado. Se você é

do tipo religioso, digo que pode deixar sua luz brilhar. Se a sua mente é mais voltada para a ciência física, digo que você pode despertar seu Plexo Solar. Mas se prefere a interpretação estritamente científica, digo que você pode criar uma impressão em sua mente subconsciente.

22. Eu já lhe disse qual é o resultado dessa impressão. Agora, é no método que você está interessado. Você já aprendeu que o subconsciente é inteligente e criativo e que responde à vontade da mente consciente. Então, qual a melhor maneira de criar a impressão desejada? Concentrar-se mentalmente no que deseja. Quando você se concentra, cria uma impressão no subconsciente.

23. Não é a única forma, mas é um jeito simples e eficaz e o mais direto e, consequentemente, aquele que garante os melhores resultados. Esse método vem gerando resultados tão extraordinários que muitos acham que são milagres acontecendo.

24. É esse o método usado por todo grande inventor, todo grande financista, todo grande político para transformar a força sutil e invisível do desejo, da fé e da confiança em resultados reais, tangíveis e concretos no mundo objetivo.

25. A mente subconsciente é uma parte da Mente Universal. O Universal é o princípio criativo do Universo, e uma parte deve ser da mesma natureza e qualidade que o todo. Isso significa que esse poder criativo é totalmente ilimitado; ele não está vinculado a precedentes de qualquer tipo, e, consequentemente, não há um padrão de existência anterior a ser aplicado ao seu princípio construtivo.

26. Vimos que a mente subconsciente responde à nossa vontade consciente, o que significa que o poder criativo ilimitado da Mente Universal é controlado pela mente consciente do indivíduo.

27. Ao fazer uma aplicação prática desse princípio, de acordo com os exercícios propostos nas lições seguintes, vale lembrar que não é necessário definir o modo pelo qual o subconsciente gerará os resultados que você deseja. O finito não pode informar o Infinito. Você deve simplesmente dizer o que deseja, não como quer obter tal coisa.

28. Você é o canal pelo qual o indistinto torna-se distinto, e essa distinção é realizada por apropriação. Requer apenas reconhecimento para colocar em ação as causas que trarão os resultados de acordo com o seu desejo, e isso acontece porque o Universal só pode agir por meio do individual, e o individual só pode agir através do Universal; eles são um só.

29. No exercício desta semana, pedirei a você que dê mais um passo adiante. Quero que não só permaneça totalmente imóvel e impeça todo pensamento da melhor maneira que puder, mas também relaxe, se solte, deixe os músculos assumirem sua condição normal. Isso tirará toda a pressão dos nervos e eliminará aquela tensão que geralmente causa exaustão física.

30. Relaxamento físico é um exercício voluntário da vontade, e você descobrirá que ele tem um grande valor, pois permite que o sangue circule livremente do cérebro para o corpo e vice-versa.

31. Tensões levam à agitação mental e à atividade mental anormal; elas causam preocupação, medo, inquietação e

ansiedade. Portanto, o relaxamento é uma necessidade absoluta para permitir que as faculdades mentais exerçam a maior liberdade possível.

32. Faça esse exercício do modo mais completo e minucioso possível, determine mentalmente relaxar cada músculo e nervo, até que se sinta calmo e tranquilo e em paz consigo mesmo e com o mundo.

33. O Plexo Solar então estará pronto para funcionar, e você se surpreenderá com os resultados.

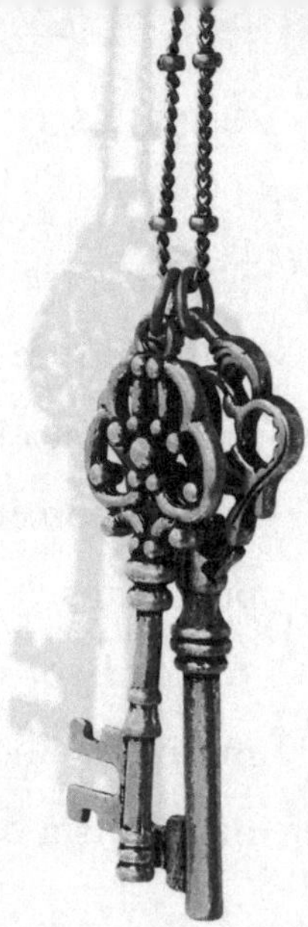

PARTE QUATRO

Esta parte lhe mostrará por que o que você pensa, faz ou sente é indicativo do que você é.

Pensamento é energia, e energia é poder, e é por isso que todas as religiões, ciências e filosofias que o mundo conheceu até hoje foram baseadas na manifestação dessa energia, e não na energia em si; por isso, o mundo tem se limitado aos efeitos, enquanto as causas têm sido ignoradas ou mal compreendidas.

Por esse motivo, temos Deus e Diabo na religião, positivo e negativo na ciência e bom e mau na filosofia.

A Chave Mestra inverte o processo; seu interesse é apenas a causa, e as cartas recebidas de alunos do método contam uma história maravilhosa; indicam, de forma conclusiva, que eles estão encontrando a causa que pode lhes garantir saúde, harmonia, fartura e o que mais for necessário para sua felicidade e bem-estar.

A vida é expressiva, e cabe a nós nos expressarmos de forma harmoniosa e construtiva. Tristeza, sofrimento, infelicidade, doença e pobreza não são necessários, e nós os eliminamos constantemente.

Mas esse processo de eliminação vai muito além de qualquer tipo de limitação. Aquele que fortaleceu e purificou seu pensamento não precisa se preocupar com micróbios, e aquele que compreendeu a lei da abundância vai direto à fonte de suprimentos.

Por isso, destino, fortuna e sorte serão controlados com a mesma facilidade com que um capitão controla seu navio ou um maquinista controla seu trem.

1. O seu "eu" não é o corpo físico, que é apenas um instrumento que o "eu" usa para realizar seus propósitos; o "eu" não pode ser a Mente, porque a mente é apenas outro instrumento que o "eu" utiliza para pensar, raciocinar e planejar.
2. O "eu" deve ser algo que controle e conduza o corpo e a mente; algo que determine o que corpo e mente devem fazer e como devem agir. Quando você descobrir a verdadeira natureza desse "eu", desfrutará de uma sensação de poder que jamais sentiu.
3. Sua personalidade é formada por inúmeras características, peculiaridades, hábitos e traços de caráter individuais; eles são o resultado do seu modo de pensar antigo, mas não têm nada a ver com o "eu" real.
4. Quando você diz "eu penso", o "eu" diz à mente o que ela deve pensar; quando diz "eu vou", o "eu" diz ao corpo físico para onde ele deve ir; a real natureza desse "eu" é espiritual, e é a fonte do poder real que homens e mulheres obtêm quando descobrem suas verdadeiras naturezas.

5. O maior e mais maravilhoso poder desse "eu" é o poder de pensar, mas poucas pessoas sabem pensar de forma construtiva ou correta e, consequentemente, só alcançam resultados ínfimos. A maioria das pessoas permite que seus pensamentos se voltem para propósitos egoístas, o resultado inevitável de uma mente infantil. Quando uma mente amadurece, entende que a origem do fracasso é todo pensamento egoísta.

6. A mente treinada sabe que toda transação deve beneficiar qualquer pessoa que esteja de algum modo relacionada a essa transação, e qualquer tentativa de lucrar com a fraqueza, ignorância ou necessidade de outrem inevitavelmente levará à desvantagem daquele que tenta explorar o outro.

7. Isso acontece porque o individual é parte do Universal. Uma parte não pode antagonizar nenhuma outra parte; pelo contrário, o bem-estar de cada parte depende do reconhecimento do interesse do todo.

8. Aqueles que reconhecem esse princípio têm grande vantagem nos assuntos da vida. Eles não se desgastam. Conseguem eliminar pensamentos vagos com facilidade. Conseguem se concentrar, imediatamente e até o grau mais elevado possível, em qualquer assunto. Não desperdiçam tempo ou dinheiro com coisas que não lhes trarão benefícios.

9. Se você não consegue fazer essas coisas, é porque até agora não se esforçou o suficiente. O resultado terá exatamente a mesma proporção do esforço empregado. Uma das afirmações mais fortes que você pode fazer a fim de fortalecer a vontade e exercer o seu poder de realização é "Eu posso ser o que desejo ser".

10. Toda vez que repetir essa frase, perceba quem e o que é esse "eu"; tente entender totalmente a verdadeira natureza do "eu". Se conseguir fazer isso, você será invencível; isto é, contanto que seus objetivos e propósitos sejam construtivos e que estejam, portanto, em harmonia com o princípio criativo do Universo.

11. Se fizer uso dessa afirmação, use-a constantemente, dia e noite, e com a mesma frequência que pensar nela durante o dia, e continue fazendo isso até que essa afirmação passe a fazer parte de você, até que se torne um hábito.

12. Se não estiver disposto a usá-la desse jeito, é melhor nem começar, porque a psicologia moderna nos diz que, quando começamos alguma coisa e não a concluímos, ou quando tomamos uma decisão e não a mantemos, criamos o hábito do fracasso, absoluto e vergonhoso. Se não pretende fazer algo, nem comece; se começar, vá até o fim mesmo que o céu despenque. Se decidir fazer uma coisa, faça; não deixe que nada nem ninguém interfira; o que o seu "eu" decidir, está decidido; os dados foram lançados, não há mais o que discutir.

13. Se decidir colocar em prática essa ideia, começando com coisas pequenas que você sabe que pode controlar, e gradualmente aumentando o esforço, mas nunca, em hipótese alguma, permitindo que o seu "eu" seja ignorado, com o passar do tempo, você verá que é capaz de controlar a si mesmo, e muitos homens e mulheres já descobriram, com tristeza, que é mais fácil controlar um reino todo do que a si mesmos.

14. Mas quando aprender a controlar a si mesmo, você descobrirá o "Mundo Interior" que controla o mundo exterior; você se tornará irresistível; pessoas e coisas atenderão a todos os seus desejos sem que haja nenhum esforço aparente de sua parte.

15. Isso não é tão estranho ou impossível quanto possa parecer se você se lembrar de que o "Mundo Interior" é controlado pelo "eu", e que o "eu" é uma parte ou uno com o "eu" Infinito, a Energia Universal ou Espírito a quem geralmente se chama de Deus.

16. Esta não é uma simples declaração ou teoria feita para confirmar ou estabelecer uma ideia, e sim, um fato que tem sido aceito pelo melhor do pensamento religioso, assim como pelo melhor do pensamento científico.

17. Herbert Spencer disse: "Entre todos os mistérios que nos cercam, nada é mais certo que o fato de estarmos sempre na presença de uma Energia Eterna ou Infinita que é a origem de todas as coisas".

18. Lyman Abbott, em um discurso feito diante dos Ex-Alunos do Seminário Teológico de Bangor, disse: "Estamos começando a pensar que Deus reside no homem, e não mais que age nos homens vindo de fora".

19. A ciência avançou pouco nessa busca e parou. A ciência encontrou a Energia Eterna onipresente, mas a Religião encontrou o Poder por trás dessa energia e o localizou dentro do homem. Mas de modo algum essa é uma descoberta nova; a Bíblia diz exatamente isso, e o texto é simples e convincente: "Não sabeis que sois o templo de Deus vivo?". Eis aqui o segredo do maravilhoso poder criativo do "Mundo Interior".

20. Aqui está o segredo do poder, da maestria. Vencer não significa abrir mão de tudo. Abnegação não é sucesso. Não podemos dar se não recebermos; não podemos ser úteis se não formos fortes. O Infinito não é desprovido de recursos, e nós, que somos representantes do poder Infinito, não devemos ser desprovidos de recursos, e se desejamos ser úteis aos outros, devemos ter mais poder, mas para ter mais poder devemos dá-lo; devemos servir.

21. Quanto mais damos, mais recebemos; devemos ser um canal pelo qual o Universal possa expressar sua atividade. O Universal está sempre tentando se expressar, ser útil, e está sempre buscando o canal pelo qual possa demonstrar máxima atividade, pelo qual possa fazer o bem máximo, pelo qual possa servir melhor à humanidade.

22. O Universal não pode se expressar através de você se você estiver ocupado com seus planos, com seus próprios propósitos. Acalme os sentidos, busque inspiração, foque na atividade mental interna, viva na consciência de sua unidade com a Onipotência. "Águas calmas são profundas"; contemple as diversas oportunidades a que você pode ter acesso espiritual por meio da Onipresença do poder.

23. Visualize os acontecimentos, as circunstâncias e as condições em que essas ligações espirituais podem ajudar na manifestação. Perceba que a essência e a alma de todas as coisas são espirituais, e que o espiritual é real, porque é a vida em tudo que existe; quando o espírito se vai, a vida se vai; a coisa está morta, deixa de existir.

24. Essas atividades mentais pertencem ao mundo interior, ao mundo das causas; e as condições e circunstâncias resultantes

são o efeito. Assim, é como se você passasse a ser um criador. Esse é um trabalho importante, e quanto mais elevado e superior, quanto maior e mais nobre forem os ideais que você tem, mais importante será o trabalho.

25. Excesso de trabalho, de diversão ou de atividade física de qualquer tipo gera condições de apatia e estagnação mental, o que impossibilita a realização do trabalho mais importante, o que resulta na compreensão do poder consciente. Portanto, devemos buscar o Silêncio frequentemente. O Poder vem por meio do repouso. É em Silêncio que podemos permanecer imóveis e, quando estamos imóveis, podemos pensar, e o pensamento é o segredo de toda conquista.

26. O pensamento é uma forma de movimento realizado pela lei da vibração, do mesmo modo que a luz ou a eletricidade. Ele recebe energia das emoções por meio da lei do amor; toma forma e se expressa por meio da lei do crescimento; é um produto do "eu" espiritual, e, por isso, sua natureza é Divina, espiritual e criativa.

27. Com isso, fica evidente que, para expressar poder, fartura ou qualquer outro propósito construtivo, as emoções devem ser usadas para dar sentimento ao pensamento, para que ele tome forma. Como isso pode ser feito? Este é o ponto crucial: como podemos desenvolver a fé, a coragem e o sentimento que resultarão em realizações?

28. A resposta é: por meio de exercício. A força mental é obtida exatamente do mesmo modo que a força física: pelo exercício. Quando pensamos em alguma coisa, talvez tenhamos difi-

culdade da primeira vez. Ao pensarmos na mesma coisa novamente, o pensamento se torna mais fácil. Ao pensarmos repetidamente em algo, isso se torna um hábito mental. Continuamos pensando na mesma coisa e, por fim, esse pensamento se torna automático; não conseguimos mais deixar de pensar nessa coisa; então, nosso pensamento se torna positivo; não há mais dúvida disso. Temos certeza; sabemos.

29. Na semana passada, pedi a você que relaxasse e se soltasse fisicamente. Esta semana, pedirei que se solte mentalmente. Se realizou o exercício da semana passada durante quinze ou vinte minutos por dia, de acordo com as instruções, certamente conseguirá relaxar fisicamente; e qualquer um que não consiga fazer isso de forma consciente, completa e rápida não tem o domínio de si mesmo. Essa pessoa ainda não alcançou a liberdade; continua sendo escrava das condições. Mas vou presumir que você tenha dominado o exercício da semana passada e que esteja pronto para o próximo passo, a liberdade mental.

30. Esta semana, depois de assumir sua posição habitual, elimine toda tensão e relaxe completamente. Então, liberte sua mente de todas as condições adversas, tais como ódio, raiva, preocupação, inveja, ciúme, tristeza, perturbação ou decepção de qualquer tipo.

31. Você pode dizer que não dá para "se libertar" dessas condições, mas você consegue; basta estar determinado mentalmente a fazê-lo; basta ter intenção e persistência voluntárias.

32. Algumas pessoas não conseguem fazer isso porque são controladas pelas emoções, e não pelo intelecto. Mas aqueles

que forem guiados pelo intelecto chegarão à vitória. Você não conseguirá de primeira, mas a prática leva à perfeição, nisso e em tudo mais, e você deve conseguir expulsar, eliminar e destruir completamente esses pensamentos negativos e destrutivos, porque eles são a semente que está sempre germinando em condições dissonantes de todo tipo que se possa imaginar.

PARTE CINCO

Depois de estudar esta parte atentamente, você verá que cada força, objeto ou fato imaginável é resultado da mente em ação.

A mente em ação é pensamento, e o pensamento é criativo. Atualmente, as pessoas pensam mais do que nunca.

Portanto, esta é uma era criativa, e o mundo está conferindo os maiores prêmios aos pensadores. A matéria não tem poder, é passiva e inerte. A mente é força, energia e poder. A mente molda e controla a matéria. Toda forma que a matéria assume é a expressão de algum pensamento preexistente.

Mas o pensamento não realiza transformações mágicas; ele obedece às leis naturais, coloca em ação as forças naturais, libera energias naturais, manifesta-se na sua conduta e nas suas ações, e elas, por sua vez, reagem aos seus amigos e conhecidos, e, por fim, a todo o seu ambiente. Você pode gerar pensamentos e, como pensamentos são criativos, você pode criar para si mesmo o que deseja.

1. Pelo menos 90% de nossa vida mental é subconsciente, então, os que não conseguem utilizar esse poder mental vivem com muitas limitações.

2. O subconsciente pode resolver e resolverá qualquer problema para nós, se soubermos como orientá-lo. Os processos subconscientes estão sempre ativos; as únicas perguntas que ficam são: somos meros recebedores passivos dessa atividade ou podemos orientar conscientemente esse trabalho? Devemos ter uma visão do destino pretendido e dos perigos a serem evitados ou simplesmente nos deixar levar livremente?

3. Vimos que a mente permeia todas as partes do corpo físico e que sempre pode ser direcionada ou influenciada pela autoridade da parte objetiva ou mais dominante da mente.

4. A mente, que permeia o corpo, é em grande parte resultante da hereditariedade, que, por sua vez, é simplesmente o resultado de todos os ambientes de todas as gerações anteriores nas forças da vida, que são responsivas e estão em movimento contínuo. Entender esse fato nos permitirá usar nossa autoridade quando nos depararmos com a manifestação de algum traço de caráter indesejável.

5. Podemos usar conscientemente todas as características desejáveis que herdamos, e podemos reprimir aquelas indesejáveis e evitar que se manifestem.

6. Repetindo, essa mente que permeia nosso corpo físico não é só o resultado de tendências hereditárias, mas também o resultado dos ambientes domiciliar, social e profissional, nos

quais milhares de impressões, ideias, preconceitos e pensamentos similares foram recebidos.

7. Muitos deles, de outras pessoas, resultado de opiniões, sugestões ou afirmações; muitos outros, de nosso próprio pensamento, mas quase todos foram aceitos após pouca ou nenhuma consideração ou avaliação.

8. A ideia parecia plausível, o consciente a recebeu e a passou para o subconsciente, onde ela foi pega pelo Sistema Nervoso Simpático e transferida adiante, e então passou a fazer parte de nosso corpo físico. “A palavra tornou-se carne.”

9. É assim que criamos e recriamos constantemente a nós mesmos. Somos hoje o resultado de nossos pensamentos antigos, e seremos amanhã o que pensamos hoje. O que a Lei da Atração nos traz não são as coisas de que deveríamos gostar, aquelas que desejamos ou que outras pessoas têm, e sim, “nossas próprias” coisas, aquelas que criamos com nossos processos mentais, seja de forma consciente ou inconsciente. Infelizmente, muitos de nós criam tudo isso de modo inconsciente.

10. Se estivéssemos construindo uma casa para nós mesmos, quão cuidadosos seríamos com relação ao projeto? Quão atentamente examinaríamos cada detalhe? Não avaliaríamos o material e escolheríamos apenas o melhor de tudo? E, ainda assim, por que somos descuidados com relação à construção do nosso Lar Mental, infinitamente mais importante do que qualquer lar físico, já que tudo que pode entrar em nossas vidas depende da natureza do material utilizado na construção de nosso Lar Mental?

11. Qual é a natureza desse material? Vimos que ele é resultado das impressões que acumulamos no passado e guardamos em nossa Mente subconsciente. Se essas impressões foram de medo, preocupação, inquietação, ansiedade, se foram decepcionantes, negativas, duvidosas, então, a textura do material que tecemos hoje será igual à do material negativo. Em vez de ter algum valor, esse material será embolorado e deteriorado e apenas nos dará mais trabalho e causará mais inquietação e ansiedade. Estaremos sempre ocupados tentando remendar nosso material para que pareça pelo menos refinado.

12. Mas se tivermos guardado apenas pensamentos corajosos, se tivermos sido otimistas e positivos e se tivermos descartado imediatamente qualquer tipo de pensamento negativo, se tivermos nos recusado a fazer qualquer coisa com ele, se tivermos nos recusado a nos associarmos a ele ou a nos identificarmos com ele, qual será o resultado? Nosso material mental será da melhor qualidade; poderemos tecer qualquer tipo de material que quisermos; poderemos usar a cor que desejarmos, pois sabemos que a textura é firme e que o material é resistente, que não desbotará; e não teremos medo nem ansiedade com relação ao futuro, pois não haverá nada a esconder, nenhum remendo a ser disfarçado.

13. Esses são fatos psicológicos; não há teoria ou suposição com relação a esses processos mentais; não há segredo; na verdade, eles são tão simples que qualquer um consegue entendê-los. O que se deve fazer é uma faxina em nosso lar mental, e isso deve ser feito todos os dias, para manter a casa limpa. A limpeza mental, moral e física é absolu-

tamente indispensável se quisermos fazer progressos de qualquer tipo.

14. Quando esse processo de faxina do lar mental tiver sido concluído, o material restante será adequado para a criação do tipo de ideais ou imagens mentais que desejamos criar.

15. Existe uma propriedade belíssima esperando para ser reivindicada. Ela tem vários acres e abundantes plantações, água corrente e excelentes árvores e se estende até onde a vista alcança. Existe uma mansão alegre e espaçosa com quadros raros, uma biblioteca com grandes títulos, rica tapeçaria e todo o luxo e conforto. Tudo que o herdeiro precisa fazer é reivindicar a herança, tomar posse e usar a propriedade. Ele deve usá-la; não pode deixar que ela se degrade; o uso é a condição para que ele tome posse dela. Se negligenciá-la, perderá sua posse.

16. No domínio da mente e do espírito, no domínio do poder prático, essa propriedade é sua. Você é o herdeiro! Você pode reivindicar a sua herança, tomar posse e usar essa propriedade. Poder sobre as circunstâncias é um de seus frutos; saúde, harmonia e prosperidade são ativos no balanço da propriedade. Equilíbrio e paz lhe são oferecidos. Você só tem o trabalho de examinar e colher os frutos. Isso não exige nenhum sacrifício, exceto a perda de suas limitações, de sua servidão e de sua fraqueza. O manto dos privilégios é colocado em seus ombros, e o cetro, em sua mão.

17. Para ganhar essa propriedade, três processos são necessários: você deve desejá-la profundamente. Você deve reivindicar seu direito. Você deve tomar posse.

18. Admita que essas não são condições muito difíceis.

19. Você já está familiarizado com a hereditariedade. Darwin, Huxley, Haeckel e outros cientistas já apresentaram uma montanha de provas de que a hereditariedade é uma lei que faz parte da criação progressiva. É a hereditariedade progressiva que dá aos seres humanos uma postura ereta, seu poder de movimento, os órgãos digestivos, a circulação sanguínea, a força muscular, a força nervosa, a estrutura óssea e muitas outras faculdades no campo físico. Existem fatos ainda mais impressionantes com relação à hereditariedade da força mental. Todos constituem o que chamamos de herança humana.

20. Mas há uma herança que os cientistas não descobriram. Ela é anterior e está por trás de todas as outras pesquisas. A ponto de esses cientistas jogarem as mãos para cima em desespero, dizendo que não conseguem explicar o que veem, essa herança divina é encontrada em toda parte.

21. É a força benigna que dita a criação primordial; descende direto do Divino, vem direto para cada ser criado. Gera vida, o que os cientistas nunca conseguiram fazer nem jamais conseguirão. Ela se destaca entre todas as forças supremas, é inalcançável. Nenhuma herança humana se compara a ela. Nenhuma herança humana está à sua altura.

22. Essa Vida Infinita flui através de você; ela é você. Suas portas de entrada são as faculdades que compõem sua consciência. Manter essas portas abertas é o Segredo do Poder. Não vale a pena fazer esse esforço?

23. O fato é que a origem de toda vida e de todo poder está dentro de você. Pessoas, situações e acontecimentos podem sugerir necessidades e oportunidades, mas o discernimento,

a força e o poder para atender a essas necessidades estão dentro de você.

24. Evite falsificações. Construa bases sólidas para a sua consciência com as forças que fluem diretamente da fonte Infinita, a Mente Universal da qual você é imagem e semelhança.

25. Aqueles que tomaram posse dessa herança jamais serão os mesmos outra vez. Eles tomaram posse de um senso de poder com o qual jamais haviam sonhado. Eles nunca mais voltarão a ser tímidos, fracos, hesitantes ou medrosos. Eles estão ligados eternamente à Onipotência. Algo dentro deles despertou; eles descobriram de repente que possuem um enorme poder latente que até então desconheciam.

26. Esse poder vem de dentro, mas não podemos recebê-lo se não o dermos. Usá-lo é a condição para podermos herdá-lo. Cada um de nós é o canal pelo qual o poder Onipotente assume formas distintas. Se não dermos esse poder, o canal fica obstruído e não conseguimos mais recebê-lo. Isso é verdade em todo plano da existência, em todo campo de trabalho e em todos os caminhos da vida. Quanto mais dermos, mais receberemos. O atleta que deseja ficar forte deve usar a força que já tem, e quanto mais força ele usar, mais conseguirá. O financista que deseja ganhar dinheiro deve usar o dinheiro que já tem, pois só usando o que possui conseguirá ganhar mais.

27. O comerciante que não mantém a venda de seus produtos logo não terá mais como comprar mais mercadorias; a empresa que não presta um serviço eficiente logo perderá seus clientes; o advogado que não ganha causas logo perderá seus clientes; é assim em toda parte. O poder depende do

uso devido do poder que você já tem. O que é verdade em qualquer ramo de negócio, em qualquer experiência de vida, é a verdade do poder do qual resulta qualquer outro poder conhecido entre os seres humanos – o poder espiritual. Tire o espírito e o que resta? Nada.

28. Se o espírito é tudo que existe, do reconhecimento desse fato dependerá a capacidade de demonstrar todo poder, seja ele físico, mental ou espiritual.

29. Tudo que possuímos é resultado da atitude mental cumulativa, ou consciência de dinheiro; essa é a varinha mágica que lhe permite receber a ideia, e então ela elaborará planos para que você os execute, e você gostará tanto da execução quanto da realização e do resultado.

30. Agora, vá para o ambiente que sempre usa, sente-se no lugar habitual, assuma a mesma posição de antes e escolha mentalmente um lugar que evoque sensações agradáveis. Crie uma imagem mental detalhada desse lugar, veja as construções, o terreno, as árvores, seus amigos, tudo que estiver relacionado. No início, você pensará em tudo que há sob o sol, exceto no ideal no qual deseja se concentrar. Mas não deixe que isso o desanime. A persistência leva à vitória, mas a persistência requer que você faça este exercício todos os dias, sem falta.

PARTE SEIS

Esta parte lhe dará um ótimo entendimento do mecanismo mais maravilhoso já criado. Um mecanismo que permite que você crie para si mesmo Saúde, Força, Sucesso, Prosperidade e qualquer outra condição que desejar.

Necessidades são exigências, e exigências geram ações, e ações produzem resultados. O processo de evolução está sempre construindo hoje os nossos amanhãs. O desenvolvimento Individual, assim como o desenvolvimento Universal, deve ser gradual, com capacidade e volume sempre crescentes.

Saber que ao violarmos o direito dos outros nos tornamos espinhos morais e nos vemos envolvidos em uma situação de difícil solução o tempo todo pelo caminho deve ser um sinal de que o sucesso depende do mais elevado ideal moral, que é "O bem maior para a maioria". Aspiração, desejo e relações harmoniosas mantidas de forma constante e persistente levam a resultados. O maior obstáculo são ideias fixas e equivocadas.

Para estarmos em sintonia com a verdade eterna devemos ter equilíbrio e harmonia. Para receber inteligência, o receptor deve estar em sintonia com o transmissor.

O pensamento é fruto da Mente, e a Mente é criativa, mas isso não significa que o Universal mudará seu *modus operandi* para se adequar a nós ou às nossas ideias, e sim que podemos ter uma relação harmoniosa com o Universal, e quando tivermos alcançado essa harmonia poderemos pedir qualquer coisa à qual tenhamos direito e nosso desejo simplesmente será atendido.

1. A Mente Universal é tão poderosa que é difícil entender suas possibilidades e poderes utilitários, bem como seus efeitos ilimitados.
2. Vimos que essa Mente é não só toda inteligência, mas também toda substância. Então, como elas se distinguem quanto à forma? Como podemos garantir o efeito que desejamos?
3. Pergunte a qualquer eletricista qual será o efeito da eletricidade e ele lhe dirá que "Eletricidade é uma forma de movimento e que seu efeito depende do mecanismo ao qual está ligada". Com base nesse mecanismo, podemos ter calor, luz, força, música ou qualquer outra maravilhosa demonstração de eletricidade na qual tenha sido aproveitada essa energia vital.
4. Que efeito pode ser produzido pelo pensamento? A resposta é que o pensamento é a mente em movimento (assim como o vento é ar em movimento), e seu efeito dependerá totalmente do "mecanismo ao qual está ligado".

5. Aqui está, então, o segredo de todo poder mental: ele depende totalmente do mecanismo ao qual está ligado.

6. E qual é esse mecanismo? Você sabe algo a respeito do mecanismo inventado por Edison, Bell, Marconi e outros magos da energia elétrica, por meio do qual o lugar, o tempo e o espaço se tornam simples figuras de linguagem, mas já parou para pensar que o mecanismo que lhe foi dado para transformar o Universal, o Poder Potencial Onipresente, foi concebido por um inventor maior que Edison?

7. Estamos acostumados a examinar o mecanismo das máquinas que usamos para arar o solo, e tentamos entender o mecanismo do carro que dirigimos, mas a maioria de nós não se incomoda em permanecer na mais completa ignorância com relação ao maior mecanismo que já existiu e ainda existe: o cérebro humano.

8. Vamos examinar as maravilhas desse mecanismo; talvez assim consigamos entender melhor os vários efeitos causados por ele.

9. Em primeiro lugar, existe o vasto mundo mental em que vivemos e nos movemos e temos nosso eu; esse mundo é onipotente, onisciente e onipresente; ele responderá ao nosso desejo de modo diretamente proporcional ao nosso propósito e fé. O propósito deve ser construtivo; nossa fé deve ser forte o bastante para gerar uma corrente com força suficiente para fazer com que nosso propósito se manifeste. "Faça-se segundo a tua fé" tem o selo de teste científico.

10. Os efeitos produzidos no mundo exterior são resultado da ação e da reação do individual sobre o universal; a esse processo chamamos de pensamento; o cérebro é o órgão no qual esse pro-

cesso acontece. Imagine só que maravilha que é isso! Você gosta de música, flores, literatura ou se inspira nos pensamentos de gênios antigos ou modernos? Lembre-se de que toda beleza à qual você responde deve ter primeiro seu delineamento correspondente no cérebro para que, então, você possa apreciá-la.

11. Não há virtude ou princípio nenhum no depósito da natureza que o cérebro não seja capaz de expressar. O cérebro é um mundo embrionário, pronto para se desenvolver a qualquer momento, quando a necessidade surgir. Se você conseguir entender que essa é uma verdade científica e uma das maravilhosas leis da natureza, será mais fácil para você compreender o mecanismo pelo qual esses resultados extraordinários são obtidos.

12. O sistema nervoso foi comparado a um circuito elétrico, com sua bateria de células que gera a energia e sua substância branca que isola os fios que conduzem a corrente. É através desses canais que cada impulso ou desejo é transportado através do mecanismo.

13. A medula espinhal é o grande motor e a via sensorial pela qual as mensagens são transmitidas para o cérebro e na direção oposta; depois, há o sangue que corre em nossas veias e artérias, renovando nossa energia e força: a estrutura perfeitamente construída da qual todo o corpo físico depende. Por fim, a bela e delicada pele, que reveste todo o mecanismo como um manto de beleza.

14. Esse é, então, o "Templo do Deus vivo" e o "eu" individual assume o controle, e o resultado depende do entendimento, pelo "eu", desse mecanismo que está sob o seu controle.

15. Cada pensamento coloca as células cerebrais em ação. No início, a substância para a qual o pensamento é direcionado não consegue responder; mas, se o pensamento for refinado e concentrado o bastante, a substância por fim cede e se expressa perfeitamente.

16. Essa influência da mente pode ser exercida em qualquer parte do corpo, causando a eliminação de qualquer efeito indesejável.

17. A concepção e o entendimento perfeitos das leis que regem o mundo mental não deixam de ter um valor inestimável na realização dos negócios, pois desenvolvem o poder de discernimento e geram uma compreensão e uma apreciação mais claras dos fatos.

18. A pessoa que se volta para o mundo interior em vez do exterior não pode deixar de fazer uso das poderosas forças que acabam determinando o curso de sua vida e fazem com que seu "eu" vibre junto com tudo o que há de melhor, mais forte e mais desejável.

19. Atenção e concentração são provavelmente os dois elementos mais importantes no desenvolvimento da cultura mental. As possibilidades de atenção, quando devidamente direcionadas, são tão surpreendentes que os não iniciados não conseguem acreditar nelas. Cultivar a atenção é a característica distintiva de toda pessoa bem-sucedida, e é a maior realização pessoal que se pode alcançar.

20. O poder de atenção pode ser entendido mais facilmente quando comparado a uma lente de aumento que direciona os raios de sol. Esses raios não têm particularmente uma grande força

se a lente for movimentada e se os raios forem mudados de um lugar para outro; mas, se a lente permanecer totalmente imóvel, permitindo que os raios sejam direcionados para um só lugar por certo tempo, será possível notar o efeito imediatamente.

21. O mesmo acontece com o poder do pensamento: o poder é dissipado ao mudarmos o foco de nosso pensamento de um objeto para o outro, e não é possível notar nenhum resultado; mas, se focarmos esse poder, por meio da atenção ou da concentração, em um só propósito por um tempo, nada mais será impossível.

22. Uma solução bem simples para uma situação bastante complexa, alguns podem dizer. Bem, o que digo àqueles que nunca experimentaram concentrar o pensamento em um objeto ou propósito específico é: tente. Escolha qualquer objeto ou propósito e concentre sua atenção nele por até dez minutos. Você não conseguirá; sua mente vagará dezenas de vezes e será necessário trazê-la de volta ao propósito original, e a cada vez o efeito se perderá, e ao término de dez minutos você não terá realizado nada, porque não terá sido capaz de manter sua mente focada no objetivo.

23. No entanto, é por meio da atenção que você conseguirá superar obstáculos de todo tipo que podem surgir em seu caminho, e a única forma de adquirir esse poder é por meio da prática – a prática leva à perfeição, neste caso e em qualquer outro.

24. Para cultivar o poder da atenção, leve uma fotografia com você para o lugar em que costuma fazer os exercícios. Examine a imagem com atenção por pelo menos dez minutos. Note a expressão dos olhos, os traços do rosto, a forma como

o cabelo está arrumado, as roupas. Na verdade, observe todos os detalhes da foto atentamente. Agora, cubra a imagem e feche os olhos. Tente ver a imagem mentalmente. Se conseguir enxergar com clareza cada detalhe e formar uma boa imagem mental da fotografia, meus parabéns; do contrário, repita o processo até conseguir.

25. Este passo serve de preparação do solo. Na semana que vem estaremos prontos para semear.

26. É por meio de exercícios como este que você conseguirá, enfim, controlar sua disposição mental, sua atitude, sua consciência.

27. Grandes financistas estão aprendendo a se afastar mais e mais da multidão, para que tenham mais tempo para planejar, pensar e gerar os estados mentais adequados.

28. Homens de negócio bem-sucedidos têm demonstrado constantemente que vale a pena manter o contato com o pensamento de outros homens de negócio bem-sucedidos.

29. Uma simples ideia pode valer milhões de dólares, e essas ideias só podem ocorrer àqueles que são receptivos, que estão preparados para recebê-las e que estão em um estado mental de sucesso.

30. As pessoas estão aprendendo a entrar em harmonia com a Mente Universal, estão aprendendo a unidade de todas as coisas, estão aprendendo métodos e princípios básicos de pensamento, e isso está mudando as condições e multiplicando os resultados.

31. Elas estão descobrindo que o ambiente e as circunstâncias seguem a tendência de progresso mental e espiritual; estão

descobrindo que o crescimento vem com o conhecimento; que a ação vem com a inspiração; a oportunidade vem com a percepção. O espiritual sempre vem primeiro e depois vem a transformação em possibilidades de realização infinitas e ilimitadas.

32. Como o individual é o canal de distinção do Universal, essas possibilidades são necessariamente inesgotáveis.

33. Pensamento é o processo pelo qual podemos absorver o Espírito de Poder e manter o resultado em nossa consciência interior até que passe a fazer parte de nossa consciência regular. O método para se alcançar tal resultado por meio da prática persistente de alguns princípios fundamentais, como explicado neste Sistema, é a chave mestra que abre o depósito da Verdade Universal.

34. No momento, as duas grandes fontes de sofrimento humano são as doenças do corpo e a ansiedade mental. Elas podem ser facilmente rastreadas até a violação de alguma Lei Natural. Isso se deve, sem dúvida, ao fato de que, até agora, o pensamento era parcial, mas as nuvens de escuridão que se acumularam ao longo de eras estão começando a se dissipar e a levar com elas muitos dos mistérios que vêm de informações imperfeitas.

PARTE SETE

Ao longo de todas as épocas, a humanidade acreditou em um poder invisível através e pelo qual tudo foi criado e é continuamente recriado. Podemos personificar esse poder e chamá-lo de Deus, ou podemos pensar nele como a essência ou o espírito que permeia todas as coisas; mas, em todo caso, o efeito é o mesmo.

No que tange ao individual, ao objetivo, ao físico, ao visível, é o pessoal que pode ser reconhecido pelos sentidos. Consiste no corpo, no cérebro e nos nervos. O subjetivo é o espiritual, o invisível, o impessoal.

O pessoal é consciente porque é uma entidade pessoal. O impessoal, tendo a mesma natureza e qualidade de todos os outros Seres, não é consciente de si mesmo e, portanto, foi batizado de subconsciente.

O pessoal, ou consciente, tem o poder da vontade e de escolha e, portanto, pode discernir ao selecionar os métodos a serem utilizados para resolver problemas.

O impessoal, ou espiritual, sendo parte ou uno com a fonte, e origem de todo poder, não é necessariamente capaz de fazer escolhas; mas, por outro lado, tem recursos Infinitos ao seu dispor. Ele pode gerar e gera resultados por meio de métodos que a mente humana ou individual não é sequer capaz de conceber.

Portanto, você verá que é uma escolha sua depender da vontade humana, com todas as suas limitações e concepções equivocadas, ou utilizar as potencialidades do Infinito fazendo uso da mente subconsciente. Aqui está, então, a explicação científica do maravilhoso poder que você tem em mãos, se for capaz de entendê-lo, apreciá-lo e reconhecê-lo.

Uma forma de utilizar conscientemente esse poder onipotente é descrita na Parte Sete.

1. Visualização é o processo de criar imagens mentais, e a imagem é o molde ou modelo que servirá de padrão, de onde virá o seu futuro.
2. Crie um padrão claro e belo; não tenha medo. Faça com que seja grandioso. Lembre-se: não há limites, exceto aqueles impostos por você mesmo; não há limitação imposta por custo ou materiais. Use os recursos do Infinito em sua criação e a construa em sua imaginação; esse padrão precisa estar em sua mente antes de poder surgir em qualquer outro lugar.
3. Crie uma imagem clara e bem delineada e a mantenha firme em sua mente, e então poderá trazê-la mais para perto de você de forma gradual e constante. Você pode ser "o que desejar ser".
4. Esse é outro fato psicológico bem conhecido, mas infelizmente ler sobre isso não lhe trará nenhum resultado que

você tenha em mente; não o ajudará nem mesmo a formar uma imagem mental, muito menos a fazê-la se manifestar. É necessário trabalho – um trabalho mental pesado e difícil –, o tipo de esforço que poucos estão dispostos a fazer.

5. O primeiro passo é a idealização. Esse é o passo mais importante porque é a planta que servirá de base para a sua construção. Ela deve ser sólida; deve ser permanente. O arquiteto, ao projetar um prédio de trinta andares, coloca na planta cada linha e cada detalhe antes da execução. O engenheiro, ao projetar uma ponte sobre o precipício, calcula primeiro a força estrutural de cada parte da ponte separadamente.

6. Eles veem o resultado final antes de cada passo; então, você deve ver em sua mente o que deseja. Você está plantando a semente; mas, antes de fazê-lo, deve saber o que pretende colher. Isso é Idealização. Se não tiver certeza do que quer, volte ao lugar em que faz seus exercícios todos os dias até que a imagem esteja clara em sua mente; ela surgirá de forma gradual; primeiro, o plano geral será vago, mas aos poucos tomará forma, os traços ficarão mais nítidos, e depois virão os detalhes, e gradualmente você desenvolverá o poder que lhe permitirá formular planos que se materializarão no mundo objetivo. Você saberá o que o futuro lhe reserva.

7. Então, vem o processo de Visualização. Você deve ver a imagem cada vez mais completa, ver os detalhes e, conforme os detalhes forem se revelando, ver as formas e os meios para fazer com que ocorra a manifestação. Uma coisa leva à outra. O pensamento leva à ação, a ação leva aos métodos, os métodos levam aos amigos, e os amigos levarão às

circunstâncias. Finalmente, a terceira etapa, ou Materialização, será completada.

8. Todos nós reconhecemos que o Universo deve ter sido pensado antes de se materializar. E se estivermos dispostos a seguir as diretrizes do Grande Arquiteto do Universo, veremos nossos pensamentos tomando forma, exatamente como o universo ao se concretizar. É a mesma mente operando no individual. Não há diferença quanto à natureza ou à qualidade; a única diferença é o grau.

9. O arquiteto visualiza seu edifício, ele vê como deseja que a construção seja. Seu pensamento se torna um molde plástico do qual o edifício surgirá em algum momento, um prédio alto ou baixo, requintado ou simples. A visão do arquiteto toma forma no papel e então o material necessário é utilizado e o edifício é concluído.

10. O inventor visualiza sua ideia exatamente do mesmo modo. Por exemplo, Nikola Tesla e seu enorme intelecto, um dos maiores inventores de todos os tempos, o homem que produziu as realidades mais incríveis; ele sempre visualizou suas invenções antes de tentar colocá-las em prática. Ele não tinha pressa para materializá-las nem gastava seu tempo tendo que corrigir seus defeitos depois. Primeiro, ele desenvolvia a ideia em sua imaginação, ele a mantinha lá como uma imagem mental a ser reconstruída e melhorada por seu pensamento. "Assim", escreveu ele na revista *Electrical Experimenter*, "consigo desenvolver rapidamente e aperfeiçoar uma ideia sem ter que colocar minhas mãos em nada. Depois que já incorporei à invenção toda melhoria que consegui imaginar e vi que não há nenhum tipo de falha, eu a

materializo, o fruto do meu cérebro. Minha invenção sempre funciona exatamente como eu havia imaginado; em vinte anos, não houve uma única exceção."

11. Se você for capaz de seguir meticulosamente essas instruções, desenvolverá Fé, o tipo de Fé que é a "Matéria das coisas desejadas, evidência das coisas não vistas"; você desenvolverá confiança, o tipo de confiança que leva à perseverança e à coragem; você desenvolverá o poder de concentração que lhe permitirá eliminar todos os pensamentos que não estejam relacionados com o seu propósito.

12. Segundo a lei, o pensamento se manifestará na forma, e só aquele que sabe como ser o pensador divino de seus próprios pensamentos pode assumir a posição de Mestre e falar com propriedade.

13. Clareza e nitidez são obtidas apenas ao se ter repetidamente a imagem na mente. Cada ação repetida torna a imagem mais clara e nítida que a anterior, e a mesma clareza e nitidez terá a manifestação externa da imagem. Você deve criar essa imagem com firmeza e segurança em seu mundo mental, o mundo interior, antes que ela possa tomar forma no mundo exterior, e você não consegue criar nada de valor, nem mesmo no mundo mental, se não tiver os materiais adequados. Com o material certo, você pode criar qualquer coisa que desejar, mas deve ter certeza desse material. Você não pode fazer um traje fino usando tecido de má qualidade.

14. Esse material será produzido por milhões de silenciosos trabalhadores mentais e assumirá a forma da imagem que você tem em mente.

15. Pense só! Você tem mais de cinco milhões desses trabalhadores mentais ativos e prontos para agir: eles são chamados de neurônios. Além disso, há também uma força de reserva composta por um número no mínimo igual, pronta para entrar em ação diante da menor necessidade. Portanto, seu poder de pensar é quase ilimitado, e isso significa que seu poder de criar o tipo de material necessário para construir para si mesmo qualquer tipo de ambiente desejado também é praticamente ilimitado.

16. Além desses milhões de trabalhadores mentais, você tem bilhões de trabalhadores mentais em seu corpo, e cada um deles tem inteligência suficiente para entender e agir de acordo com qualquer mensagem ou sugestão. Essas células estão todas ocupadas criando e recriando o corpo; mas, além disso, elas têm atividade psíquica que as permite atrair para si a substância necessária para aperfeiçoar seu desenvolvimento.

17. Elas fazem isso segundo a mesma lei e do mesmo modo que toda forma de vida atrai para si as substâncias necessárias para o seu crescimento. O carvalho, a rosa, o lírio – todos eles precisam de certas substâncias para que possam se expressar perfeitamente, e garantem essas substâncias por meio de uma exigência silenciosa, a Lei da Atração, a forma mais certa de garantir que você terá tudo o que precisa para um desenvolvimento mais completo.

18. Crie a Imagem Mental; crie uma imagem clara, nítida e perfeita; mantenha essa imagem firmemente; as formas e os meios surgirão; aparecerão recursos para atender às suas necessidades; você será levado a fazer o que é certo, no mo-

mento certo e da forma certa. O Desejo Sincero resultará em Expectativa Confiante, que por sua vez deve ser reforçada pela Exigência Firme. Essas três coisas certamente levarão à Realização, porque o Desejo Sincero é o sentimento, a Expectativa Confiante é o pensamento e a Exigência Firme é a vontade. Como já vimos, o sentimento dá energia ao pensamento e a vontade o mantém firme até que a lei do Crescimento faça com que ele se manifeste.

19. Não é incrível que o ser humano tenha um poder tão grande dentro de si, faculdades transcendentais que desconhece totalmente? Não é estranho que desde o início sejamos ensinados a buscar força e poder "do lado de fora"? Somos ensinados a procurar em toda parte, menos "do lado de dentro", e toda vez que esse poder se manifesta em nossas vidas, nos dizem que foi algo sobrenatural.

20. Há muitas pessoas que passaram a compreender esse poder maravilhoso e que fazem um esforço sério e consciente para materializar saúde, poder e outras condições, mas não são bem-sucedidas. Elas não parecem capazes de colocar a Lei em ação. A dificuldade em quase todos os casos é que essas pessoas estão lidando com fatores externos. Elas querem dinheiro, poder, saúde e fartura, mas não percebem que esses são os efeitos, e esses efeitos só vêm se suas causas forem encontradas.

21. Aqueles que não dão atenção ao mundo exterior tentarão apenas determinar a verdade, buscarão apenas a sabedoria, e descobrirão que essa sabedoria mostrará e revelará a fonte de todo poder, que se manifestará no pensamento e no

propósito, que criarão as condições externas desejadas. Essa verdade será expressa em um propósito nobre e em ações corajosas.

22. Crie apenas os ideais, sem pensar nas condições externas; torne o mundo interior belo e opulento e o mundo exterior expressará e manifestará as condições existentes no interior. Você compreenderá seu poder de criar ideais, e esses ideais serão projetados no mundo dos efeitos.

23. Por exemplo, um homem endividado. Ele estará sempre pensando na dívida, se concentrará nela, e, como os pensamentos são as causas, o resultado será que ele não só manterá essa dívida à sua volta, mas também gerará mais dívidas. Ele está colocando a grande Lei da Atração em ação com o resultado habitual e inevitável: Prejuízo leva a um "Prejuízo" maior.

24. Então, qual é o princípio correto? Concentre-se no que deseja, não no que não quer. Pense na fartura; idealize os meios e planeje colocar a Lei da Abundância em ação. Visualize a condição que a Lei da Abundância cria; isso resultará em manifestação.

25. Se a lei funciona perfeitamente para gerar pobreza, necessidade e qualquer forma de limitação para aqueles que continuamente têm pensamentos de medo e insuficiência, certamente funcionará para gerar condições de abundância e opulência para aqueles que tiverem pensamentos de coragem e poder.

26. Esse é um problema difícil para muitos. Somos ansiosos demais; manifestamos ansiedade, medo, perturbação;

queremos fazer algo; queremos ajudar; somos como uma criança que acabou de plantar uma semente e vai a cada quinze minutos revolver a terra para ver se ela está crescendo. É óbvio que, em tais condições, a semente jamais germinará, e é exatamente isso que muitos de nós fazem no mundo mental.

27. Temos que plantar a semente e deixá-la em paz. Isso não significa que devamos nos sentar e não fazer nada; faremos um trabalho maior e melhor do que vínhamos fazendo e novos canais surgirão, novas portas se abrirão; só precisamos ter a mente aberta e pronta para agir quando chegar a hora.

28. A força do pensamento é a forma mais poderosa de aquisição de conhecimento e, se concentrada em qualquer assunto, resolverá o problema. Nada supera o poder de compreensão humano, mas é preciso trabalhar para que possamos aproveitar essa força e fazer com que ela obedeça à nossa vontade.

29. Lembre-se de que o pensamento é o fogo que gera o vapor que faz girar a roda da fortuna, da qual dependem suas experiências.

30. Faça algumas perguntas a si mesmo e aguarde a resposta; às vezes, você não sente a presença do ego? Você impõe esse ego ou segue a maioria? Lembre-se de que a maioria é sempre conduzida, jamais conduz. Foi a maioria que lutou com unhas e dentes contra o motor a vapor, o tear mecânico e qualquer outro avanço ou progresso já sugerido.

31. Para o exercício desta semana, visualize seu amigo; veja-o exatamente como ele era da última vez em que o viu; veja

o ambiente, os móveis; lembre-se da conversa; e então, veja o rosto dele, cada detalhe, depois fale com ele sobre um assunto de interesse mútuo; veja a expressão dele mudar, observe-o sorrir. Consegue fazer isso? Consegue, sim. Desperte o interesse dele, conte uma aventura, veja os olhos dele brilhando de alegria ou emoção. Consegue fazer tudo isso? Se conseguir, sua imaginação é boa e você está fazendo um excelente progresso.

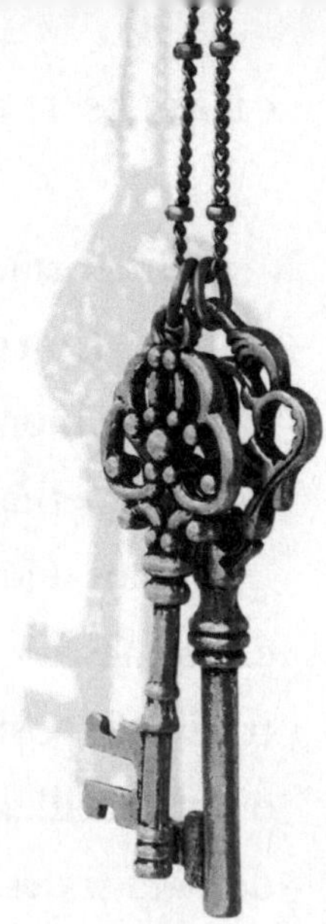

PARTE OITO

Nesta parte, você verá que pode escolher livremente o que pensa, mas o resultado do seu pensamento é regido por uma lei imutável! Não é maravilhoso? Não é maravilhoso saber que nossas vidas não estão sujeitas a nenhuma espécie de capricho ou variabilidade? Que somos governados pela lei? Essa estabilidade é nossa vantagem, porque ao cumprir a lei garantimos o efeito desejado com precisão imutável.

É a Lei que faz do Universo um grande hino de Harmonia. Se não fosse pela lei, o Universo seria o Caos em vez do Cosmo.

Então, esse é o segredo da origem do bem e do mal, esse é todo o bem e todo o mal que já houve ou haverá.

Vou ilustrar: o pensamento resulta em ação; se o seu pensamento for construtivo e harmonioso, o resultado será bom; se o seu pensamento for destrutivo ou desarmonioso, o resultado será ruim.

Portanto, só existe uma lei, um princípio, uma causa, uma Fonte de Poder, e bem e mal são apenas termos que foram cunhados para indicar o resultado da nossa ação, ou nossa conformidade ou não conformidade com essa lei.

A importância disso é bem ilustrada nas vidas de Emerson e Carlyle. Emerson amava o bem, e sua vida era uma sinfonia de paz e harmonia, enquanto Carlyle odiava o mal e sua vida era uma perpétua dissonância e desarmonia.

Temos aqui dois grandes homens, cada um disposto a alcançar o mesmo ideal, mas um fazendo uso do pensamento construtivo e, portanto, em harmonia com a Lei Natural, enquanto o outro utilizando o pensamento destrutivo e, portanto, atraindo para si desarmonia de todo tipo e natureza.

Assim, é evidente que não devemos odiar nada, nem mesmo o "mal", porque o ódio é destrutivo, e logo veremos que, quando temos pensamentos destrutivos, semeamos "vento", o que levará à colheita de "vendaval".

1. O pensamento contém um princípio vital, porque é o princípio criativo do Universo e, devido à sua natureza, atrairá outros pensamentos similares.
2. Como o único propósito da vida é o crescimento, todos os princípios que servem de base para a existência devem contribuir para tal fim. Portanto, o pensamento assume a forma, e a lei do crescimento acaba por fazê-lo se manifestar.
3. Você pode escolher livremente o que pensa, mas o resultado do seu pensamento é regido por uma lei imutável. Toda linha de pensamento constante não pode deixar de produzir seu resultado no caráter, na saúde e nas circunstâncias do indivíduo. Por isso, os métodos que nos permitem substituir hábitos de pensamento que sabemos só gerarem efeitos indesejáveis por aqueles de pensamento construtivo são de suma importância.

4. Todos nós sabemos que isso não é fácil. Hábitos mentais são difíceis de controlar, mas isso pode ser feito: começando a substituir pensamentos destrutivos por pensamentos construtivos. Crie o hábito de analisar cada pensamento. Se ele for necessário, se sua manifestação no objetivo for benéfica, não apenas para você, mas para todos que serão afetados de algum modo por ele, mantenha esse pensamento; aprecie esse pensamento. Ele é valioso; ele está em sintonia com o Infinito; ele crescerá e se desenvolverá e gerará frutos centenas de vezes. Por outro lado, é bom ter em mente esta citação de George Matthew Adams: "Aprenda a manter a porta fechada e a manter fora de sua mente, fora de seu escritório e fora do seu mundo todo elemento que tenta entrar sem um propósito útil e definido em vista".

5. Se o seu pensamento foi crítico ou destrutivo e resultou em qualquer dissonância ou desarmonia, talvez seja necessário cultivar uma atitude mental que leve ao pensamento construtivo.

6. Você verá que a imaginação será de grande ajuda nesse sentido; cultivar a imaginação leva ao desenvolvimento do ideal que dará origem ao seu futuro.

7. A imaginação reúne o material que a Mente utiliza para tecer a trama do seu futuro.

8. A imaginação é a luz que nos permite penetrar em novos mundos de pensamento e experiência.

9. A imaginação é o poderoso instrumento com o qual cada descobridor e cada inventor abriu o caminho que levou do precedente à experiência. O precedente diz "Não pode ser feito"; a experiência diz "Está feito".

10. A imaginação é um poder plástico que molda as coisas do sentido em novos formatos e ideias.

11. A imaginação é a forma construtiva do pensamento que deve preceder qualquer forma de ação construtiva.

12. Um construtor não pode construir uma estrutura de qualquer tipo se não tiver recebido as plantas do arquiteto, e o arquiteto deve gerar essas plantas em sua imaginação.

13. Um grande empresário não pode construir uma empresa gigantesca, que coordena centenas de empresas menores e milhares de funcionários e utiliza milhões de dólares do capital, se não tiver criado primeiro todo o sistema em sua imaginação. Os objetos do mundo material são como argila nas mãos do ceramista. É na Mente Mestra que as coisas reais são criadas, e é pelo uso da imaginação que o trabalho é feito. Para cultivar a imaginação, você deve exercitá-la. Exercícios são necessários para cultivar o músculo mental, assim como o músculo físico. O músculo deve receber os nutrientes necessários ou não se desenvolverá.

14. Não confunda Imaginação com Fantasia ou com aquela forma de devaneio à qual algumas pessoas se entregam. Devaneios são uma forma de dissipação mental que pode levar ao desastre mental.

15. Imaginação construtiva significa trabalho mental, o que alguns consideram o tipo mais árduo de trabalho, mas ainda assim leva aos melhores resultados, pois todas as boas coisas da vida vêm até aqueles capazes de pensar, imaginar e transformar sonhos em realidade.

16. Quando você estiver plenamente consciente de que a Mente é o único princípio criativo, que é Onipotente, Onisciente e Onipresente, e de que você pode entrar conscientemente em sintonia com essa Onipotência usando o seu poder de pensamento, terá dado um grande passo na direção certa.

17. O passo seguinte é deixá-lo pronto para receber esse poder. Como esse poder é Onipresente, deve estar dentro de você. Sabemos que isso é verdade porque todo poder vem de dentro, mas deve ser desenvolvido, revelado, cultivado. Para tanto, devemos ser receptivos, e essa receptividade é adquirida da mesma forma que a força física: ou seja, por meio de exercícios.

18. A Lei da Atração certamente e sem dúvida fará com que cheguem até você as condições, o ambiente e as experiências de vida correspondentes à sua atitude mental habitual, característica e predominante. O que vale não é o que você pensa uma vez quando está na igreja ou lendo um bom livro, *mas* a sua atitude mental predominante.

19. Você não pode cultivar pensamentos fracos, prejudiciais e negativos durante dez horas por dia e pensamentos fortes, positivos e criativos por dez minutos e esperar que eles resultem em condições ótimas, poderosas e harmoniosas.

20. O poder verdadeiro vem de dentro. Todo poder que qualquer pessoa pode utilizar está dentro dela, só esperando vir à tona; primeiro quando ela o reconhece, e depois quando o confirma como seu, trabalhando esse poder em sua consciência até que a pessoa se torne una com ele.

21. As pessoas dizem que desejam uma vida farta, e de fato desejam, mas muitas acham que isso significa que, se exercitarem

seus músculos ou respirarem de certo modo, ingerirem determinados alimentos preparados de um jeito específico, beberem tantos copos d'água em certa temperatura por dia, evitarem bebidas alcoólicas, alcançarão a vida farta que buscam. O resultado desses métodos é indiferente. No entanto, quando uma pessoa acorda para a verdade e confirma sua unidade com toda Vida, descobre que tem a visão clara, o passo ágil, o vigor da juventude; percebe que descobriu a fonte de todo poder.

22. Todos os erros não passam de erros resultantes da ignorância. Adquirir conhecimento, e consequentemente poder, é o que determina o crescimento e a evolução. Reconhecimento e demonstração de conhecimento constituem o poder, e esse poder é espiritual, e esse poder espiritual é aquele que está no cerne de todas as coisas, é a alma do universo.

23. Esse conhecimento é resultado da capacidade humana de pensar; o pensamento é, portanto, a origem da evolução consciente dos seres humanos. Quando uma pessoa deixa de avançar em seus pensamentos e ideais, suas forças começam a desintegrar imediatamente, e seu semblante registra gradualmente essa mudança de condições.

24. Pessoas bem-sucedidas se focam em manter os ideais das condições que desejam realizar. Elas mantêm em mente o próximo passo necessário para alcançar o ideal que buscam. Os pensamentos são os materiais que usam em suas construções, e a imaginação é sua oficina mental. A mente é a força contínua que elas usam para garantir as pessoas e condições necessárias para construir sua estrutura de sucesso, e a imaginação é a matriz em que todas as belas coisas são moldadas.

25. Se você for fiel ao seu ideal, ouvirá o chamado quando todas as condições estiverem prontas para materializar os seus planos, e os resultados serão exatamente aqueles que você desejou. O ideal firmemente sustentado é o que predetermina e atrai as condições necessárias para sua realização.

26. É assim que você pode tecer um traje de espírito e poder na teia de toda a sua existência; é assim que você pode levar uma vida encantada que estará para sempre protegida contra todo mal; é assim que você pode se tornar uma força positiva que fará com que condições de opulência e harmonia sejam atraídas até você.

27. Essa é a influência que permeia gradualmente a consciência geral e é, em grande parte, responsável pelas condições de inquietação evidentes em todo lugar.

28. Na parte anterior, você criou uma imagem mental e a trouxe do invisível para o visível. Esta semana, quero que você pegue um objeto e regresse até a origem dele, veja do que ele realmente é feito. Se fizer isso, desenvolverá imaginação, percepção, compreensão e sagacidade. Você adquire essas capacidades não pela observação superficial, mas por meio de uma observação analítica aguçada que revela o que está sob a superfície.

29. Poucos sabem que o que veem são só os efeitos, e entendem as causas que geram esses efeitos.

30. Sente-se em sua posição habitual e visualize um navio de guerra; veja o monstro nefasto flutuando na superfície da água. Parece não haver vida ali perto; tudo é silêncio. Você sabe que a maior parte do navio está sob a água, fora de

vista. Você sabe que o navio é tão grande e pesado quanto um arranha-céu de vinte andares. Você sabe que há centenas de homens prontos para realizar imediatamente suas tarefas designadas e que cada área é comandada por oficiais capazes, treinados e qualificados que se mostraram competentes para controlar essa extraordinária máquina. Você sabe que, embora o navio pareça alheio a tudo, tem olhos que enxergam tudo que se passa em quilômetros à sua volta, e que nada escapa de seu olhar vigilante. Sabe também que, embora ele pareça calmo, submisso e inocente, está preparado para lançar um projétil de aço de milhares de quilos contra um inimigo que se encontre a quilômetros de distância. Você pode trazer isso e muito mais à sua mente sem qualquer esforço. Mas como o navio chegou até onde está? Como foi criado? Você precisa saber tudo isso, se for um observador atento.

31. Siga as grandes placas de aço na fundição, veja os milhares de homens que trabalharam em sua fabricação. Retroceda ainda mais e veja o minério sendo retirado da mina, veja quando ele é carregado em barcaças ou automóveis, veja o minério sendo derretido e devidamente processado. Retroceda mais e veja os engenheiros que projetaram o navio. Deixe que seu pensamento o leve ainda mais longe para determinar por que eles projetaram o navio. Você verá que já retrocedeu tanto que o navio é algo intangível, não existe mais, e agora não passa de um pensamento no cérebro do projetista. Mas de onde veio a ordem para projetar o navio? Provavelmente do Secretário de Defesa. Mas é possível que esse navio já era planejado antes que se pensasse em guerra e antes que o Congresso aprovasse uma lei destinando recursos para tal projeto. Possivelmente

houve oposição e discursos contra ou a favor da lei. Quem os Congressistas representam? Eles representam você e eu, então nossa linha de pensamento começa com o navio de guerra e termina conosco, e, em última análise, vemos que nosso próprio pensamento é responsável por essa e muitas outras coisas, nas quais raramente pensamos, e um pouco de reflexão nos levará ao fato mais importante de todos: se alguém não tivesse descoberto a lei que permite a essa enorme massa de aço flutuar na superfície da água em vez de afundar imediatamente, o navio jamais existiria.

32. Essa lei diz que "A gravidade específica de qualquer substância é o peso de qualquer volume dessa substância comparado com igual volume de água". A descoberta dessa lei revolucionou todo tipo de viagem, comércio e guerra no mar e tornou possível a existência de navios de guerra, porta-aviões e navios de cruzeiro.

33. Você achará exercícios desse tipo inestimáveis. Quando o pensamento é treinado para enxergar o que está sob a superfície, tudo ganha novo aspecto: o insignificante passa a ser significativo, o desinteressante passa a despertar interesse. As coisas que achávamos que não tinham importância passam a ser vistas como as únicas coisas realmente cruciais na existência.

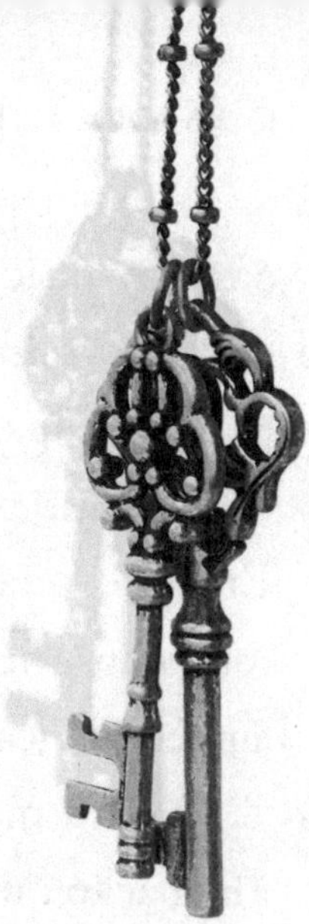

PARTE NOVE

Nesta parte você pode aprender a construir as ferramentas que usará para criar para si mesmo qualquer condição que desejar. Se quiser mudar essas condições, você deve mudar a si mesmo. Seus caprichos, seus desejos, suas fantasias, suas ambições podem ser impedidos a qualquer momento, mas seus pensamentos mais profundos encontrarão um meio de se expressar, tão certo como as plantas brotarem da semente.

Então, suponhamos que você queira mudar as condições. Como proceder? A resposta é simples: pela lei do crescimento. Causa e efeito são absolutos e constantes no campo oculto do pensamento, assim como no mundo das coisas materiais.

Tenha em mente a condição desejada; confirme essa condição como se já fosse fato consumado. Isso indica o valor de uma afirmação poderosa. Por meio da repetição constante, isso passa a fazer parte de nós. Na verdade, assim mudamos a nós mesmos; assim nos tornamos o que queremos ser.

Personalidade não é obra do acaso, mas o resultado de esforços contínuos. Se você é tímido, hesitante, inseguro, ou se é muito ansioso ou atormentado por pensamentos de medo ou de risco iminente, lembre-se do axiomático "dois corpos não podem ocupar o mesmo espaço ao mesmo tempo".

Isso vale para o mundo mental e para o mundo espiritual. Então, o remédio é simples: basta substituir pensamentos de medo, insuficiência e limitação por aqueles de coragem, força, autoconfiança e segurança.

O jeito mais fácil e natural de fazer isso é escolher uma afirmação que pareça ser perfeita para o seu caso em particular. O pensamento positivo destruirá o negativo, tão certo quanto a luz destrói a escuridão, e o resultado será igualmente eficaz.

A ação é o resultado do pensamento, e as condições são o resultado da ação, então, você tem sempre em mãos as ferramentas que lhe permitem, certa e inevitavelmente, construir ou desconstruir a si mesmo, e a alegria ou o sofrimento serão sua recompensa.

1. Possivelmente, há apenas três coisas que poderiam ser desejadas no "mundo exterior", e cada uma delas pode ser encontrada no "mundo interior". O segredo para encontrá-las é simplesmente usar o "mecanismo" adequado para se conectar com o poder onipotente que qualquer pessoa pode acessar.

2. As três coisas que toda a humanidade deseja, e que são necessárias para sua plena expressão e total desenvolvimento, são Saúde, Prosperidade e Amor. Todos admitem que Saúde é absolutamente fundamental, pois não há como ser feliz se o corpo físico sofre. Nem todos admitem imediatamente que Prosperidade é necessária, mas todos devem admitir

que recursos pelo menos suficientes são necessários, e que o que seria considerado suficiente para um, seria visto como doloroso e absolutamente pouco para outro; e como a Natureza oferece não apenas o suficiente, mas em abundância, com opulência e generosidade, percebemos que qualquer insuficiência ou limitação não passa de uma limitação causada por um método artificial de distribuição.

3. Todos provavelmente admitem que Amor é a terceira coisa, ou talvez alguns digam que é a primeira e mais essencial para a felicidade da humanidade. Em todo caso, aqueles que têm Saúde, Prosperidade e Amor não precisam de mais nada para serem felizes.

4. Vimos que a substância Universal é "Toda Saúde", "Toda Prosperidade" e "Todo Amor", e que o mecanismo de ligação pelo qual conseguimos nos conectar com esses recursos Infinitos é a nossa forma de pensar. Pensar corretamente, portanto, significa entrar no "Lugar Sagrado do Mais Elevado".

5. O que devemos pensar? Se soubermos o que pensar, encontraremos o mecanismo adequado de ligação que nos conectará com "Qualquer coisa que desejarmos". Esse mecanismo pode parecer muito simples quando eu lhe disser como acessá-lo, mas continue lendo; você verá que, na verdade, ele é a "Chave Mestra", ou a "Lâmpada de Aladim", se preferir. Você verá que ele é a base de tudo, a condição primordial, a lei absoluta do bem-estar.

6. Para pensarmos do jeito certo e preciso, devemos conhecer a "Verdade". A verdade, então, é o princípio básico de toda relação social ou comercial. É a condição precedente

de toda ação correta. Conhecer a verdade, ter certeza e ser confiante dão uma satisfação incomparável. Essa é a única base sólida em um mundo de dúvidas, conflitos e perigos.

7. Conhecer a Verdade é estar em harmonia com o poder Infinito e Onipotente. Conhecer a Verdade é, portanto, conectar-se com um poder irresistível que afasta todo tipo de discórdia, desarmonia, dúvida ou erro de qualquer espécie, porque a "Verdade é poderosa e prevalecerá".

8. Até o intelecto mais modesto consegue prever o resultado de qualquer ação quando sabe que esse resultado é baseado na verdade. Porém, até o mais poderoso intelecto, até a mente mais profunda e penetrante se veem desesperados e não conseguem conceber os resultados se suas esperanças se basearem em uma premissa que sabem ser falsa.

9. Toda ação que não estiver em harmonia com a Verdade, seja por ignorância ou intencionalmente, resultará em dissonância e numa eventual perda proporcional de seu alcance e de sua natureza.

10. Então, como podemos conhecer a verdade para nos conectarmos a esse mecanismo que nos ligará ao Infinito?

11. Não há como nos enganarmos se percebermos que a verdade é o princípio vital da Mente Universal e é Onipresente. Por exemplo, se você quer Saúde, deve compreender o fato de que o seu "eu" é espiritual, e que todo espírito é uno; que onde quer que esteja uma parte, estará o todo. Isso lhe trará uma condição de saúde, porque cada célula do corpo deve manifestar a verdade como você a vê. Se você vir doença, as células manifestarão doença; se você vir perfeição, elas

manifestarão perfeição. A afirmação "Eu sou completo, perfeito, forte, poderoso, amoroso, harmonioso e feliz" lhe trará condições harmoniosas. Isso acontece porque a afirmação está em estrita conformidade com a Verdade, e, quando a verdade aparece, toda forma de erro ou dissonância deve necessariamente desaparecer.

12. Você já viu que o "eu" é espiritual e que deve necessariamente ser sempre perfeito. Portanto, a afirmação "Eu sou completo, perfeito, forte, poderoso, amoroso, harmonioso e feliz" é uma afirmação científica exata.

13. Pensamento é uma atividade espiritual, e o espírito é criativo. Portanto, o resultado de ter esse pensamento em sua mente deve necessariamente lhe trazer condições que estejam em harmonia com esse pensamento.

14. Se você quer Prosperidade, compreender que o seu "eu" é uno com a Mente Universal – que é toda substância e Onipotente – o ajudará a pôr em ação a Lei da Atração, que o colocará na mesma vibração que as forças que geram sucesso e fartura na mesma proporção da natureza e do propósito de sua afirmação.

15. Visualização é o mecanismo de ligação do qual você precisa. Visualização é um processo muito diferente da visão; a visão é física e, portanto, está relacionada com o mundo objetivo, o "mundo exterior", enquanto a Visualização é produto da imaginação e, portanto, produto da mente subjetiva, o "mundo interior". Por isso, a Visualização tem vitalidade; ela cresce. A coisa visualizada se manifestará no exterior. O mecanismo é perfeito: foi criado pelo Arquiteto Mestre que

"faz bem todas as coisas"; mas, infelizmente, quem o opera às vezes é inexperiente ou ineficiente. No entanto, a prática e a determinação permitem superar esse defeito.

16. Se você quer Amor, tente compreender que o único jeito de conseguir amor é dando amor; que quanto mais você der, mais receberá; e que a única forma de dar amor é encher-se dele, até se tornar um ímã. O método foi explicado em outra lição.

17. Aquele que aprendeu a manifestar as maiores verdades espirituais nas chamadas coisas menores da vida descobriu o segredo e a solução desse problema. Um indivíduo fica sempre mais desperto e atento com a proximidade com grandes ideias, grandes acontecimentos, grandes coisas naturais e grandes pessoas. Dizem que Lincoln causava em todos que se aproximavam dele a sensação que se tem ao ficar diante de uma montanha, e essa sensação se intensifica quando se compreende que ele tinha como base coisas que são eternas: o poder da Verdade.

18. Às vezes, é inspirador ouvir alguém que realmente colocou esses princípios à prova, alguém que demonstrou esses princípios em sua própria vida. Uma carta de Frederick Andrews diz o seguinte:

19. "Eu tinha uns treze anos quando o dr. T. W. Marsee disse à minha mãe: 'Não há nenhuma chance, sra. Andrews'. Perdi meu garoto do mesmo jeito, depois de ter feito por ele tudo o que eu podia. Estudei esses casos com atenção e sei que não existe a possibilidade de ele ficar bem.

20. "Ela virou-se para ele e disse: 'Doutor, o que faria se ele fosse seu filho?', e ele respondeu: 'Eu lutaria, lutaria com todas

as minhas forças enquanto houvesse um sopro de vida pelo qual lutar'.

21. "E aquele foi o início de uma longa e exaustiva batalha, com muitos altos e baixos, com todos os médicos concordando que não havia chance de cura, embora nos encorajassem e estimulassem a fazer o melhor que pudéssemos.

22. "No fim veio a vitória, e me transformei de uma criatura pequena, retorcida e deformada que andava de quatro em um homem forte e bem formado que anda de pé.

23. "Agora, sei que você quer a fórmula, e eu lhe darei do modo mais simples e sucinto que puder.

24. "Criei uma afirmação para mim, usando as qualidades de que mais precisava, e eu a repeti para mim mesmo inúmeras vezes: 'Eu sou completo, perfeito, forte, poderoso, amoroso, harmonioso e feliz'. Era a última coisa que eu dizia antes de dormir e a primeira que falava ao acordar.

25. "Não afirmei isso apenas para mim, mas também para outras pessoas que eu sabia que também precisavam dessa afirmação. Quero enfatizar este ponto. Tudo o que você desejar para si, deseje também para os outros, e isso ajudará a todos. Colhemos o que plantamos. Se enviarmos pensamentos de amor e saúde, eles voltarão para nós, como pão atirado sobre as águas; mas se enviarmos pensamentos de medo, preocupação, inveja, raiva, ódio etc., colheremos os resultados em nossas próprias vidas.

26. "Diz-se que as pessoas se reconstroem totalmente a cada sete anos, mas alguns cientistas agora afirmam que nos

reconstruímos completamente a cada onze meses. Então, na verdade, temos apenas onze meses de idade. Se recolocamos os defeitos em nosso corpo ano após ano, podemos culpar apenas a nós mesmos.

27. "O ser humano é a soma total de seus próprios pensamentos; então, a pergunta é: como podemos cultivar apenas os bons pensamentos e rejeitar os maus? Primeiro, não temos como impedir que pensamentos ruins cheguem até nós, mas podemos não cultivá-los. A única maneira de fazer isso é esquecê-los – o que significa trocar esses pensamentos por outros. É aí que entra a afirmação previamente criada.

28. "Quando um pensamento de raiva, inveja, medo ou preocupação surgir, comece a fazer sua afirmação. Para lutar contra a escuridão, use a luz; para combater o frio, use o calor; para vencer o mal, use o bem. Digo por mim mesmo, a negação jamais me ajudou de algum modo. Afirme o bem e o mal sumirá." – Frederick Elias Andrews

29. Se houver algo que você queira, poderá usar essa afirmação, sem modificá-la. Use-a exatamente como é; fique em silêncio com ela e deixe-a penetrar em seu subconsciente, para que possa usá-la em qualquer lugar, em seu carro, no escritório, em casa. Esta é a vantagem dos métodos espirituais: eles estão sempre disponíveis. O espírito é onipresente, está sempre pronto; tudo que se deve fazer é dar o devido reconhecimento à sua onipotência e ter a intenção ou o desejo de se tornar o receptor de seus efeitos benéficos.

30. Se nossa atitude mental predominante for de poder, coragem, bondade e compaixão, nosso ambiente rejeitará as

condições que não corresponderem a esses pensamentos. Se nossa atitude mental predominante for fraca, crítica, invejosa e destrutiva, nosso ambiente refletirá as condições correspondentes a tais pensamentos.

31. Pensamentos são causas, e condições são efeitos. É essa a explicação para a origem do bem e do mal. O pensamento é criativo e automaticamente estabelece uma correlação com o seu objeto. Essa é uma Lei Cosmológica (uma lei universal), a Lei da Atração, a Lei da Causa e Efeito. O reconhecimento e a aplicação dessa lei determinarão tanto o início quanto o fim. Foi essa a lei que fez com que, em todas as épocas e em todos os tempos, as pessoas acreditassem no poder da oração. "Seja-vos feito conforme a vossa fé" é apenas uma outra forma, melhor e mais sucinta, de dizer a mesma coisa.

32. Esta semana, visualize uma planta; pegue sua flor preferida, traga-a do invisível para o visível. Plante a sementinha, regue-a, cuide dela, coloque-a num lugar em que receba luz solar matinal indireta, veja a semente germinar. Agora ela se tornou algo animado, algo vivo e que busca meios de subsistência. Veja as raízes penetrando na terra, observe como elas se lançam em todas as direções e lembre-se de que são células vivas, que se dividem e subdividem, e que em pouco tempo haverá milhões dessas células, cada uma delas inteligente, sabendo o que quer e como conseguir o que deseja. Veja o caule lançar-se para cima, observe como ele irrompe na superfície da terra, veja como se divide e forma ramificações, veja como cada ramo é perfeito e simétrico, veja as folhas começarem a se formar, e depois os minúsculos

caules, cada um deles contendo um botão. E, enquanto você observa, o botão se abre e revela a sua flor predileta. Agora, se você se concentrar bastante, sentirá o perfume da flor. É o perfume, levado pela brisa suave, da bela criação que você visualizou.

33. Quando você for capaz de tornar sua visão clara e completa, conseguirá entrar no espírito da coisa; essa coisa se tornará muito real para você. Você aprenderá a se concentrar, e o processo é o mesmo, independentemente de você estar se concentrando na saúde, em sua flor favorita, em um ideal, numa proposta de negócio complicada ou em qualquer outro problema da vida.

34. Todo sucesso foi alcançado com concentração contínua no objeto que se tem em vista.

PARTE DEZ

Se você conseguir entender totalmente o conteúdo da Parte Dez, aprenderá que nada acontece sem uma causa definida. Conseguirá formular seus planos de acordo com conhecimento exato. Saberá como controlar qualquer situação colocando as causas adequadas em jogo. Quando você vencer – porque você vencerá –, saberá exatamente o motivo.

O homem comum, que não tem o conhecimento definido de causa e efeito, é guiado por seus sentimentos ou emoções.

Ele pensa principalmente em justificar suas ações. Se fracassar como empreendedor, dirá que não teve sorte. Se não gostar de música, dirá que esse é um gosto caro. Se for um funcionário infeliz em um escritório, dirá que se daria melhor em algum trabalho ao ar livre. Se não tiver amigos, dirá que sua personalidade é refinada demais para ser apreciada.

Ele nunca pensa no problema até o fim. Em suma, ele não sabe que todo efeito é resultado de uma causa definida, e busca se consolar com explicações e desculpas. Ele só consegue pensar em autodefesa.

Por outro lado, aquele que sabe que não existe efeito sem causa definida pensa de forma impessoal. Esse indivíduo chega até a raiz dos fatos, independentemente das consequências. Ele é livre para seguir o rastro da verdade, independentemente de onde isso o levará. Ele enxerga a questão com clareza até o fim e atende às exigências devida e totalmente, e o resultado é que o mundo lhe dá tudo que tem para dar, na forma de amizade, honra, amor e aprovação.

1. Abundância é uma lei natural do Universo. As evidências dessa lei são conclusivas; nós a vemos em tudo. A Natureza é abundante, generosa, extravagante em toda parte. Não se vê economia em nada criado pela Natureza. A profusão se manifesta em todas as coisas. Os milhões e milhões de árvores e flores e plantas e animais e o vasto esquema de reprodução pelo qual o processo de criação e recriação continua eternamente – tudo indica a abundância de recursos que a Natureza oferece aos seres humanos. Que há abundância para todos é evidente, mas que alguns não conseguem participar dessa fartura também está claro. Essas pessoas ainda não compreenderam a Universalidade de toda substância, e que a mente é o princípio ativo pelo qual nos conectamos com as coisas que desejamos.
2. Toda prosperidade é resultado do poder; posses só têm valor se conferirem poder. Acontecimentos só são importantes se afetarem o poder; todas as coisas representam certas formas e níveis de poder.
3. Conhecer causa e efeito, como demonstrado pelas leis que regem a eletricidade, a afinidade química e a gravidade,

permite ao indivíduo planejar com ousadia e executar sem medo. Essas leis são chamadas Leis Naturais porque regem o mundo físico, mas nem todo poder é físico; também existe o poder mental, bem como o poder moral e o poder espiritual.

4. O poder espiritual é superior porque existe em um plano mais elevado. Ele permite ao indivíduo descobrir a lei que possibilita que essas forças poderosas da Natureza sejam aproveitadas para fazer o trabalho de centenas e milhares de pessoas. Ele permite ao indivíduo descobrir leis que possibilitam a eliminação do tempo e do espaço, e a lei de gravidade que possibilita a superação. A operação dessa lei depende do contato espiritual, como bem diz Henry Drummond:

5. "No mundo físico que conhecemos, existe o orgânico e o inorgânico. O inorgânico do mundo mineral é totalmente separado do mundo das plantas e dos animais; a passagem que liga os dois é hermeticamente fechada. Até agora, essas barreiras nunca foram ultrapassadas. Nenhuma alteração da substância, nenhuma modificação do ambiente, nenhuma química, nenhuma eletricidade, nenhuma forma de energia, nenhuma evolução de qualquer tipo pode dar a um único átomo do mundo mineral o atributo da Vida.

6. "Apenas entrando nesse mundo morto em que há algumas formas de vida os átomos mortos podem receber qualidades de vitalidade. Sem esse contato com a vida, eles permanecem presos para sempre na esfera inorgânica. Huxley diz que a doutrina da Biogênese (ou vida gerada apenas pela vida) é vencedora desde o início, e Tyndall é compelido a dizer: 'Afirmo que não existe a menor evidência confiável

que prove que a vida dos dias de hoje surgiu de modo independente de uma vida anterior'.

7. "As leis físicas podem explicar o inorgânico, a Biologia explica e descreve o desenvolvimento do orgânico, mas, sobre o ponto de contato, a Ciência não diz nada. Existe uma passagem similar entre o mundo Natural e o mundo Espiritual; essa passagem é hermeticamente fechada do lado natural. A porta está trancada; nenhum ser humano é capaz de abri-la, nenhuma alteração orgânica, nenhuma energia mental, nenhum esforço moral, nenhum progresso de qualquer tipo consegue fazer com que alguma pessoa entre no mundo espiritual."

8. Mas assim como a planta alcança o mundo mineral e o toca com o mistério da Vida, a Mente Universal alcança a mente humana e lhe dá novas, estranhas, maravilhosas e inacreditáveis qualidades. Todas as pessoas que já realizaram alguma coisa no mundo da indústria, do comércio ou das artes o fizeram graças a esse processo.

9. O pensamento é a ligação entre o Infinito e o finito, entre o Universal e o individual. Vimos que existe uma barreira intransponível entre o orgânico e o inorgânico, e que a única maneira de uma matéria se desenvolver é sendo impregnada de vida; assim como a semente entra no mundo mineral e começa a se abrir e a se desenvolver, a matéria inanimada ganha vida, milhares de dedos invisíveis começam a tecer um ambiente adequado para o novo ser, e, conforme a lei do crescimento entra em ação, vemos o processo seguir seu curso até que o Lírio finalmente surge, e "Nem Salomão, em todo o esplendor de sua glória, vestiu-se como um deles".

10. Ainda assim, um pensamento é lançado na substância invisível da Mente Universal, a substância da qual todas as coisas se originam, e cria raízes, e a lei do crescimento começa a entrar em ação, e vemos que as condições e o ambiente não passam da forma objetiva do nosso pensamento.

11. A lei é que o Pensamento é uma forma vital ativa de energia dinâmica que tem poder para se conectar com seu objeto e trazê-lo da substância invisível, onde todas as coisas são criadas, para o mundo visível ou objetivo. É segundo essa lei e através dela que todas as coisas se manifestam; ela é a Chave Mestra que lhe permite entrar no Lugar Secreto do Mais Elevado e lhe dá "o domínio de todas as coisas". Ao compreender essa lei, "Tudo que planejares realizar dará certo".

12. Não poderia ser de outro modo; se a alma do Universo como o conhecemos é o Espírito Universal, então, o Universo é simplesmente a condição que o Espírito Universal criou para si. Somos apenas espíritos individualizados e estamos criando as condições para o nosso crescimento, exatamente da mesma maneira.

13. Esse poder criativo depende de reconhecermos o potencial poder do espírito ou da mente, e não devemos confundi-lo com Evolução. Criação é trazer à existência o que não existe no mundo objetivo. Evolução é apenas o desenvolvimento das potencialidades envolvidas em coisas que já existem.

14. Ao usarmos as maravilhosas possibilidades que se abrem diante de nós por meio da operação dessa lei, devemos nos

lembrar de que nós mesmos não contribuímos com nada para a eficácia dessa lei, como disse o Grande Mestre: "Não sou eu que realizo as obras, e sim o Pai que habita em mim, Ele realiza as obras". Devemos assumir exatamente a mesma postura; não há nada que possamos fazer para ajudar na manifestação; devemos apenas cumprir a lei, e a Mente que tudo origina gerará o resultado.

15. O grande erro dos dias atuais é a ideia de que o Ser Humano deve gerar a inteligência que permitirá ao Infinito produzir um resultado ou propósito específico. Nada disso é necessário; a Mente Universal é capaz de encontrar maneiras e meios para realizar toda manifestação necessária. No entanto, devemos criar o ideal, e esse ideal deve ser perfeito.

16. Sabemos que as leis que regem a Eletricidade foram formuladas de modo que esse poder invisível possa ser controlado e usado para o nosso benefício e conforto de milhares de jeitos diferentes. Sabemos que as mensagens são levadas pelo mundo todo, que equipamentos pesados realizam a tarefa, que esses equipamentos atualmente iluminam praticamente o mundo todo, mas também sabemos que, se conscientemente ou sem a intenção, violarmos essa lei e tocarmos um fio energizado que não estiver devidamente isolado, o resultado será desagradável e possivelmente desastroso. A falta de conhecimento das leis que regem o mundo invisível tem o mesmo resultado, e muitos sofrem as consequências o tempo todo.

17. Foi explicado que a lei de causalidade depende da polaridade, que um circuito deve ser formado. Esse circuito não pode se formar se não agirmos em harmonia com a lei. E como

agimos em harmonia se não sabemos que lei é essa? Como conhecemos essa Lei? Por meio de estudo e observação.

18. Vemos a lei em ação em todo lugar; toda a natureza atesta a operação da lei expressando-se de modo silencioso e constante na lei do crescimento. Onde há crescimento, deve haver vida; onde há vida, deve haver harmonia, para que tudo que possui vida esteja constantemente atraindo para si as condições e os nutrientes necessários para sua mais ampla expressão.

19. Se o seu pensamento estiver em harmonia com o criativo Princípio da Natureza, estará em sintonia com a Mente Infinita, e isso formará o circuito, e o pensamento não voltará vazio a você; mas é possível que você tenha pensamentos que não estejam em sintonia com o Infinito, e, quando não há polaridade, o circuito não é formado. Qual é o resultado então? Qual o resultado quando um dínamo está gerando eletricidade e o circuito é interrompido e não há saída de energia? O dínamo para.

20. Exatamente a mesma coisa acontecerá com você se tiver pensamentos que não estão em sintonia com o Infinito e que, portanto, não podem ser polarizados. Não há circuito, você fica isolado, os pensamentos ficam presos a você e o torturam e preocupam e, por fim, geram doença e possivelmente morte. O médico não consegue fazer um diagnóstico preciso do caso, e talvez ele dê à condição algum nome chique criado para várias doenças que são o resultado de pensamento errado, mas ainda assim a causa é a mesma.

21. O pensamento construtivo deve necessariamente ser criativo, mas o pensamento criativo deve ser harmonioso, e isso

elimina todo pensamento destrutivo ou competitivo. Sabedoria, força, coragem e todas as condições harmoniosas são resultado do poder, e vimos que todo poder vem de dentro. Da mesma forma, toda insuficiência, limitação ou circunstância adversa é resultado de fraqueza, e a fraqueza é simplesmente a ausência de poder; ela vem do nada, não é nada. O remédio é simplesmente desenvolver poder, e isso é feito exatamente da mesma maneira que todo poder é desenvolvido, isto é, por meio de exercícios.

22. Este exercício consiste em aplicar seu conhecimento. O conhecimento não se aplica sozinho. Você deve aplicá-lo. A fartura não cairá do céu direto no seu colo, mas o uso consciente da Lei da Atração e a intenção de colocá-la em ação para um propósito certo, definido e específico, bem como a vontade de realizar esse propósito, gerarão a materialização do seu desenho por meio de uma lei natural de transferência. Se você estiver no comércio, a fartura aumentará e se desenvolverá por meio de canais regulares; possivelmente, canais novos ou incomuns de distribuição se abrirão e, quando a lei estiver totalmente em ação, você verá que as coisas que você buscava agora buscam você.

23. Esta semana, escolha um espaço em branco na parede, ou qualquer outro espaço conveniente, no ambiente em que se senta sempre, desenhe mentalmente uma linha horizontal preta de uns 15 centímetros de comprimento, tente ver a linha como se tivesse sido pintada na parede; agora, desenhe mentalmente duas linhas verticais que se ligam à linha horizontal em uma extremidade. Então, desenhe outra linha

horizontal que se ligue às duas linhas verticais. Agora você tem um quadrado. Tente enxergar o quadrado perfeitamente. Quando conseguir fazer isso, desenhe um círculo dentro do quadrado. Então, desenhe um ponto no centro do círculo. Agora, puxe uns 25 centímetros a partir desse ponto na sua direção: você terá um cone de base quadrada. Você se lembra de que o seu desenho era todo em preto; agora mude para branco, para vermelho, para amarelo.

24. Se conseguir fazer isso, fará um excelente progresso, e logo conseguirá se concentrar em qualquer problema que tiver em mente.

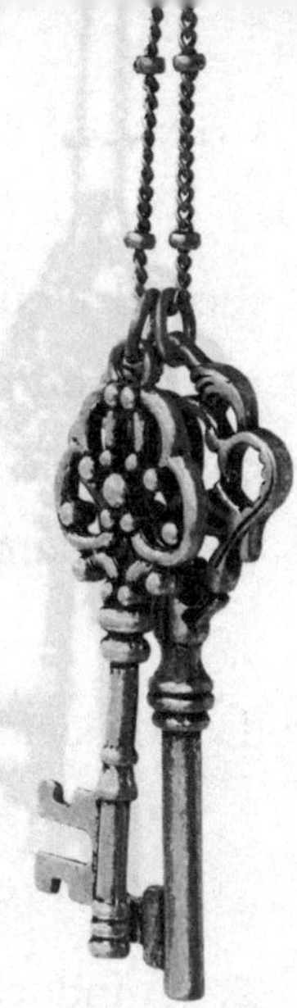

PARTE ONZE

Sua vida é regida pela lei – por princípios reais e imutáveis que nunca variam. A lei está em ação o tempo todo, em todos os lugares. Leis fixas embasam todas as ações humanas. Por isso, aqueles que controlam indústrias gigantescas são capazes de determinar com precisão absoluta a porcentagem exata de pessoas entre centenas de milhares que responderá a qualquer combinação de certas condições.

Todavia, vale lembrar que, embora todo efeito seja resultado de uma causa, o efeito, por sua vez, torna-se causa, que cria outros efeitos, que por sua vez criam outras causas, de modo que, quando você coloca a Lei da Atração em ação, deve saber que está dando início a uma sequência de causalidade eterna, ou, em outras palavras, que pode ter possibilidades infinitas.

Frequentemente, ouvimos alguém dizer "Uma situação muito incômoda surgiu em minha vida, e isso não pode ter sido resultado dos meus pensamentos, pois certamente nunca cultivei nenhum pensamento que pudesse levar a esse resultado". Nós nos esquecemos de que os semelhantes se atraem no mundo mental, e que o pensamento que cultivamos nos traz certas amizades, companhias de certo tipo, e elas, por sua vez, trazem condições e ambientes, que são responsáveis pelas condições das quais reclamamos.

1. Raciocínio indutivo é o processo da mente objetiva pelo qual comparamos determinado número de casos distintos com outros até enxergarmos o fator em comum gerador de todos eles.
2. A indução vem da comparação de fatos. Foi esse método de estudo da natureza que resultou na descoberta de um reino de leis que marcou época no progresso da humanidade.
3. É a linha que separou superstição de inteligência; eliminou os elementos de incerteza e capricho da vida das pessoas e os substituiu por lei, razão e certeza.
4. É o "Vigia no Portão", mencionado em uma lição anterior.
5. Quando, em virtude desse princípio, o mundo ao qual os sentidos estavam acostumados foi revolucionado. Quando o Sol teve seu curso interrompido, a aparente Terra plana ganhou o formato de globo e passou a girar em volta dele. Quando a matéria inerte foi decomposta em elementos ativos, e o universo se fez presente em qualquer direção em que apontássemos um telescópio ou microscópio, cheio de força, movimento e vida, fomos forçados a perguntar quais são as delicadas formas de organização no meio disso tudo que mantêm a ordem e o perfeito estado.
6. Polos semelhantes e forças semelhantes se repelem ou se mantêm impenetráveis uns aos outros, e essa causa pare-

ce ser, em geral, suficiente para atribuir um lugar e uma distância adequados para estrelas, pessoas e forças. Assim como pessoas de diferentes virtudes formam uma parceria e polos opostos se atraem, elementos que não têm propriedades em comum, como ácidos e gases, ligam-se uns aos outros, e assim é mantido um equilíbrio geral entre excedente e demanda.

7. Assim como os olhos buscam e se satisfazem ao encontrar cores complementares àquelas bem à vista, a necessidade, a vontade e o desejo, no sentido mais amplo, induzem, direcionam e determinam a ação.

8. Temos a honra de sermos conscientes do princípio e de podermos agir de acordo com ele. Cuvier vê um dente pertencente a uma raça de animal extinto. Esse dente precisa de um corpo para cumprir sua função e define o tipo específico de corpo de que precisa com tanta precisão que Cuvier é capaz de reconstruir a estrutura desse animal.

9. Perturbações são observadas no movimento de Urano. LeVerrier precisa que outro corpo celeste esteja em determinado ponto para manter o sistema solar em ordem, e Netuno aparece na hora e no local designados.

10. As necessidades instintivas do animal e as necessidades intelectuais de Cuvier, as necessidades da natureza e da mente de LeVerrier são parecidas e, portanto, assim o são os resultados. Aqui os pensamentos de uma existência, ali uma existência. Portanto, uma necessidade legítima bem definida fornece o motivo para as mais complexas operações da natureza.

11. Depois de termos registrado corretamente as respostas fornecidas pela natureza e ampliado nossos sentidos com o desenvolvimento da ciência na superfície da Terra, de termos nos unido aos controles que movem a terra, tomamos consciência de um contato íntimo, variado e profundo com o mundo exterior, sabemos que nossas necessidades e propósitos se relacionam com as operações harmoniosas dessa vasta organização tanto quanto a vida, a liberdade e a felicidade do cidadão se relacionam com a existência de seu governo.

12. Do mesmo modo que os interesses do indivíduo são protegidos pelas armas do país e pelas suas próprias armas, e suas necessidades podem depender de certos suprimentos num grau sentido de forma mais global e constante, a cidadania consciente da República da natureza nos protege dos incômodos de agentes subordinados por meio de uma aliança com poderes superiores e, por meio do apelo às leis fundamentais de resistência ou indução aplicadas a agentes mecânicos ou químicos, distribui as tarefas a serem executadas por eles e pelos seres humanos, para melhor proveito do inventor.

13. Se Platão tivesse testemunhado as imagens criadas pelo sol com a ajuda do fotógrafo, ou mesmo as centenas de ilustrações similares que os seres humanos fazem por indução, talvez se lembrasse do trabalho intelectual de seu mestre, e em sua própria mente talvez surgisse a visão de uma terra em que todo trabalho manual, mecânico e repetitivo ficasse a cargo da natureza, em que nossas necessidades fossem atendidas por operações puramente mentais colocadas em

ação por força da vontade, e em que os suprimentos fossem criados pela demanda.

14. Por mais distante que essa terra possa parecer, a indução ensinou às pessoas como avançar nessa direção e as cercou de vantagens que são, ao mesmo tempo, recompensas pela fidelidade anterior e incentivos para uma devoção mais assídua.

15. É também um auxílio para que possamos concentrar e fortalecer nossas faculdades para a parte que falta, oferecendo uma solução infalível tanto para problemas individuais quanto universais, por meio de simples operações mentais em sua forma mais pura.

16. Aqui está um método, cujo espírito é crer que o que se busca já foi realizado, para que se possa realizar de fato; um método que nos foi transmitido por Platão, quem, fora dessa esfera, jamais descobriria como as ideias se transformam em realidade.

17. Essa ideia também foi elaborada por Swedenborg em sua doutrina de correspondências. Um mestre ainda maior também disse: "Tudo quanto em oração pedirdes, tenhais fé que já o recebestes, e assim vos sucederá" (Marcos 11:24). A diferença de tempos verbais nessa passagem é marcante.

18. Devemos primeiro acreditar que nosso desejo já foi realizado, para que então sua realização aconteça.

19. Essa é uma instrução concisa para o uso do poder criativo por meio da influência na mente subjetiva Universal: ver determinada coisa que desejamos como um algo já existente.

20. Então, estaremos pensando no plano do absoluto, e eliminando toda consideração de condições ou limitações e

plantando uma semente que, se deixada em paz, por fim gerará frutos no exterior.

21. Revisando: o raciocínio indutivo é o processo da mente objetiva pelo qual comparamos determinado número de casos distintos com outros até enxergarmos o fator em comum gerador de todos eles. Vemos pessoas em toda nação civilizada do mundo garantindo os resultados por meio de algum processo que elas mesmas parecem não compreender, e ao qual geralmente atribuem mais ou menos mistério. Nossa razão nos é dada para que comprovemos a lei que garante que tais resultados sejam alcançados.

22. A operação desse processo de pensamento é vista naqueles afortunados que possuem tudo que os outros precisam adquirir por meio do trabalho, daqueles que nunca vivem um dilema moral porque são sempre corretos em suas ações e jamais agem sem tato, que aprendem tudo com facilidade, que terminam tudo que começam com um jeitinho especial, que vivem em eterna harmonia consigo mesmos, sem nunca pensar muito sobre o que fazem e sem enfrentar dificuldade ou trabalho duro.

23. O resultado desse pensamento é, como sempre foi, um presente dos deuses, mas um presente que poucos compreendem, apreciam ou entendem. Reconhecer o maravilhoso poder que a mente tem em condições apropriadas, e o fato de que esse poder pode ser utilizado, direcionado e acessado para resolver qualquer problema humano, é de suma importância.

24. Toda verdade é a mesma, seja apresentada em termos científicos modernos ou no idioma de tempos apostólicos.

Existem almas tímidas que não conseguem perceber que a verdade completa requer várias afirmações – que nenhuma fórmula humana revelará todos os lados da verdade.

25. Variações, ênfase, novo idioma, novas interpretações, perspectivas desconhecidas não são, como alguns supõem, sinais de desvio da verdade. Pelo contrário, são prova de que a verdade está sendo apreendida em novas relações com as necessidades humanas e que está sendo mais compreendida no geral.

26. A verdade deve ser dita a cada geração e a cada povo em termos diferentes e novos, de modo que, quando o Grande Mestre diz: "Tenha fé que já o recebestes, e assim vos sucederá", ou quando Paulo diz: "A fé é a certeza de que haveremos de receber o que esperamos, e a prova do que não podemos ver", ou, quando a ciência moderna diz: "A Lei da Atração é a lei que liga o pensamento ao seu objeto", cada afirmação, quando submetida a análise, revela conter exatamente a mesma verdade. A única diferença é a forma de apresentação.

27. Estamos no limiar de uma nova era. Chegou o momento em que a humanidade já aprendeu os segredos do controle e está sendo criado o caminho para uma nova ordem social, mais maravilhosa do que qualquer outra jamais sonhada. O conflito da ciência moderna com a teologia, o estudo comparado de religiões, o enorme poder de novos movimentos sociais – tudo isso representa o caminho para a nova ordem. Formas tradicionais antiquadas e impotentes podem ter sido destruídas, mas nada valioso se perdeu.

28. Uma nova fé nasceu, uma fé que exige uma nova forma de expressão, e essa fé está tomando forma em uma consciência

profunda do poder em manifestação na atividade espiritual atual vista por toda parte.

29. O espírito que dorme no mineral, respira no vegetal, penetra no animal e alcança seu máximo desenvolvimento nos seres humanos é a Mente Universal, e cabe a nós transpor o abismo entre ser e fazer, teoria e prática, demonstrando nosso entendimento do domínio que nos foi dado.

30. A maior descoberta de todos os séculos é, de longe, o poder do pensamento. A importância dessa descoberta demorou um pouco para chegar ao conhecimento geral, mas chegou, e em todo campo de pesquisa a importância da maior de todas as descobertas já está sendo demonstrada.

31. Você se pergunta no que consiste o poder do pensamento criativo? Consiste em criar ideias, e estas, por sua vez, transformam-se em objetos apropriando, inventando, observando, discernindo, descobrindo, analisando, determinando, orientando, combinando e aplicando força e matéria. Isso pode ser feito porque esse é um poder criativo inteligente.

32. O pensamento alcança sua expressão mais elevada quando imerso em sua própria profundidade misteriosa, quando abre caminho através do estreito ser e passa de uma verdade à outra e à região da luz eterna, onde tudo é, foi ou será fundido em uma grande harmonia.

33. Desse processo de autocontemplação vem a inspiração, que é a inteligência criativa, e que é inegavelmente superior a todo elemento, força ou lei da natureza, porque pode entender, modificar, controlar e aplicar esses elementos, forças ou leis de acordo com seus próprios propósitos e fins e, portanto, os possui.

34. A sabedoria começa com a aurora da razão, e a razão não passa da compreensão do conhecimento e dos princípios que nos permitem conhecer o verdadeiro significado das coisas. Portanto, a sabedoria é a razão iluminada, e essa sabedoria leva à humildade, porque a humildade é uma grande parte da Sabedoria.

35. Todos nós conhecemos várias pessoas que alcançaram o que parecia impossível, realizaram sonhos de uma vida toda, que mudaram tudo em suas vidas, inclusive a si mesmas. Muitas vezes, ficamos maravilhados diante da demonstração de um poder aparentemente irresistível, que parecia estar sempre disponível quando era mais necessário, mas agora tudo está claro. Só precisamos entender certos princípios definitivos e fundamentais e sua devida aplicação.

36. No seu exercício desta semana, concentre-se na citação retirada da Bíblia: "Tudo quanto em oração pedirdes, tenhais fé que já o recebestes, e assim vos sucederá". Note que não há limitação: "Tudo" é muito definido e implica que a única limitação que temos é a nossa capacidade de pensar, de estar à altura da ocasião, de agir conforme a emergência, de lembrar que a Fé não é uma sombra, e sim uma substância, "a certeza de que haveremos de receber o que esperamos, e a prova do que não podemos ver". A morte é apenas o processo natural pelo qual todas as formas materiais são colocadas no cadinho para a reprodução de nova diversidade.

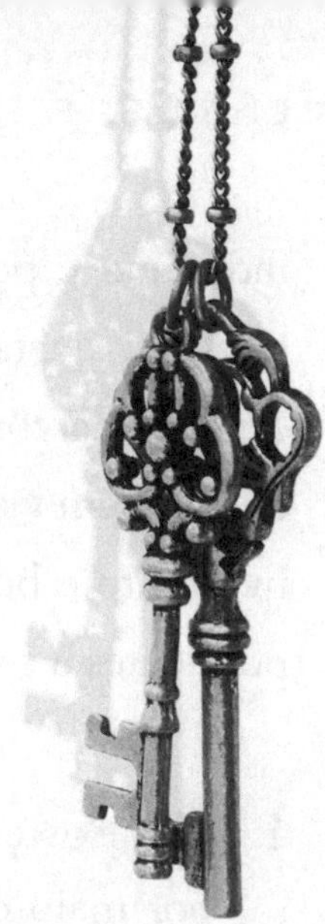

PARTE DOZE

Aqui está a Parte Doze. No quarto parágrafo, você encontrará a seguinte frase: "Você deve ter, primeiro, conhecimento do seu poder; segundo, coragem para ousar; terceiro, fé para realizar". Se você se concentrar nos pensamentos, se der a eles toda a sua atenção, encontrará um mundo de significados em cada frase, e atrairá para si outros pensamentos que estejam em sintonia com aqueles primeiros, e logo compreenderá plenamente o significado do conhecimento vital em que se concentra.

O conhecimento não se aplica sozinho; nós, como indivíduos, devemos aplicá-los, e a aplicação consiste em fertilizar o pensamento com um propósito de vida.

O tempo e os pensamentos que a maioria das pessoas desperdiça em um esforço despropositado poderiam fazer maravilhas, se devidamente direcionados, tendo um objeto especial em vista. Para tanto, é necessário concentrar sua força mental em um pensamento específico e mantê-la lá, eliminando todos os outros pensamentos. Se você já olhou através do visor de uma câmera, sabe que, quando o objeto não está em foco, a imagem fica indistinta e possivelmente borrada, mas quando o foco apropriado é ajustado, a imagem fica nítida e distinta. Isso ilustra o poder da concentração. Se você não se concentrar no objeto que tem em vista, só terá um esboço vago, indefinido, nebuloso, indistinto e borrado do seu ideal, e os resultados serão correspondentes à sua imagem mental.

1. Não existe um propósito na vida que não possa ser realizado por meio do entendimento científico do poder criativo do pensamento.
2. Esse poder de pensar é comum a todos. O ser humano é porque pensa. O poder humano de pensar é infinito; consequentemente, seu poder criativo é ilimitado.
3. Sabemos que o pensamento consiste em construir, para nós, aquilo em que pensamos e em trazer mais para perto, embora tenhamos dificuldade de eliminar o medo, a ansiedade ou o desânimo, todas essas coisas que constituem uma força poderosa do pensamento, e que continuam empurrando para longe o que desejamos, e então, geralmente damos um passo para frente e dois para trás.
4. A única maneira de evitarmos andar para trás é continuarmos andando para frente. Vigilância constante é o preço do sucesso. Existem três passos, e cada um deles é absolutamente essencial. Você deve ter, primeiro, conhecimento do seu poder; segundo, coragem para ousar; terceiro, fé para realizar.
5. Tendo isso como base, você poderá construir um negócio ideal, uma casa ideal, amigos ideais e um ambiente ideal.

Você não tem limitação de custo ou material. O pensamento é onipotente e tem o poder de sacar do banco Infinito matéria-prima para tudo que precisar. Portanto, recursos infinitos estão a seu dispor.

6. Mas seu ideal deve ser preciso, definido, claro. Ter um ideal hoje, outro amanhã e outro na semana seguinte significa desperdício de energia e nenhuma realização; você conseguirá apenas uma combinação insignificante e caótica de material desperdiçado.

7. Infelizmente, esse é o resultado que muitos obtêm, e a causa é evidente. Se um escultor começar a trabalhar com um pedaço de mármore e um cinzel e mudar seu ideal a cada quinze minutos, o que se pode esperar como resultado? E por que você deveria esperar um resultado diferente ao modelar a substância melhor e mais plástica de todas, a única substância real?

8. O resultado dessa indecisão e do pensamento negativo geralmente é a perda de riqueza material. A suposta independência, conquistada com muitos anos de trabalho duro e esforço, acaba de repente. Então, descobre-se que o dinheiro e os bens não significam independência, de maneira alguma. Pelo contrário, a única independência se encontra na aplicação prática do conhecimento do poder criativo do pensamento.

9. Mas você só terá acesso a esse método de aplicação prática depois que tiver aprendido que o único poder real que você pode ter é o poder de adaptar-se aos princípios imutáveis e Divinos. Você não pode mudar o Infinito, mas pode entender as Leis Naturais. A recompensa por esse entendimento é uma compreensão consciente da sua capacidade de

adaptar suas faculdades mentais ao Pensamento Universal, que é Onipresente. Sua capacidade de cooperar com essa Onipotência indicará o grau de sucesso que você alcançará.

10. O poder do pensamento tem muitas falsificações que são mais ou menos fascinantes, mas seus resultados são prejudiciais em vez de proveitosos.

11. É claro que medo, preocupação e todos os pensamentos negativos geram frutos parecidos com eles mesmos. Aqueles que cultivarem pensamentos desse tipo inevitavelmente colherão o que plantaram.

12. Mais uma vez, há os caçadores de Fenômenos Paranormais que se empanturram com as chamadas provas e demonstrações obtidas em sessões de materialização. Eles abrem suas portas mentais e mergulham nas correntes mais perigosas do mundo psíquico. Eles parecem não entender que é a capacidade de se tornarem negativos, receptivos e passivos e, portanto, de perderem toda a sua energia vital, que os permite atrair essas formas de pensamento vibratório.

13. Há ainda os adoradores hindus, que veem no fenômeno da materialização realizado pelos chamados adeptos uma fonte de poder, esquecendo-se, ou jamais se dando conta, de que, assim que a vontade é retirada, as formas secam e as forças vibratórias de que são feitos se esvaem.

14. A telepatia, ou transferência de pensamento, já recebeu bastante atenção, mas como exige um estado mental negativo por parte do receptor, a prática é nociva. É possível enviar um pensamento com a intenção de ver ou ouvir, mas ele trará uma punição juntamente com a inversão do princípio envolvido.

15. Em muitos casos, o hipnotismo é certamente perigoso, tanto para o hipnotizado quanto para o hipnotizador. Ninguém familiarizado com as leis que regem o mundo mental cogitaria tentar dominar a vontade alheia, porque, ao fazê-lo, estaria gradualmente (mas com certeza) abrindo mão do seu próprio poder.

16. Todas essas perversões representam uma satisfação temporária e, para alguns, uma enorme fascinação. Porém, há um fascínio infinitamente maior no verdadeiro entendimento do mundo do poder interior, um poder que aumenta conforme é usado; que é permanente, não fugaz; que não só é um poderoso remédio para corrigir os erros do passado ou os resultados do pensamento equivocado, mas também um potente profilático que nos protege de toda forma e tipo de perigo, e, por fim, é uma força criativa real que podemos usar para construir novas condições e novos ambientes.

17. A lei é que o pensamento estabelecerá uma correlação com o seu objeto e materializará no mundo objetivo o correspondente à coisa pensada ou gerada no mundo mental. Então, percebemos a absoluta necessidade de enxergar que cada pensamento tem em si a semente da verdade, a qual a lei do crescimento manifesta no bem, porque o bem por si só é capaz de conferir qualquer poder permanente.

18. O princípio que dá ao pensamento o poder dinâmico de estabelecer uma correlação com o seu objeto e, portanto, de controlar toda experiência adversa humana, é a Lei da Atração, que é o outro nome do amor. É um princípio eterno e fundamental, inerente a todas as coisas, em todo sistema de

Filosofia, em toda Religião e em toda Ciência. Não há como escapar da lei do amor. É o sentimento que transmite energia ao pensamento. Sentimento é desejo, e desejo é amor. O pensamento impregnado de amor torna-se invencível.

19. Vemos essa verdade enfatizada sempre que o poder do pensamento é compreendido. A Mente Universal não é só a Inteligência, mas também a substância, e essa substância é a força de atração que une os elétrons pela Lei da Atração, para que formem átomos. Os átomos, por sua vez, são unidos pela mesma lei e formam moléculas. As moléculas assumem formas objetivas, e então, vemos que a lei do amor é a força criativa por trás de toda manifestação, não apenas dos átomos, mas também dos mundos, do Universo, de tudo que a imaginação pode formar com uma ideia.

20. É a ação dessa maravilhosa Lei da Atração que fez com que as pessoas em todas as épocas e em todos os períodos acreditassem que devia haver algum ser de forma humana que atendesse a todos os seus pedidos e desejos, e manipulasse eventos para que servissem às suas necessidades.

21. É a combinação de Pensamento e Amor que constitui a força irresistível, chamada de Lei da Atração. Todas as leis naturais são irresistíveis. A lei da Gravidade ou a lei da Eletricidade, ou qualquer outra lei funciona com exatidão matemática. Não há variação; apenas o canal de distribuição pode ser imperfeito. Se uma ponte cai, não atribuímos a queda a qualquer variação da lei da gravidade; se uma luz falha, não concluímos que as leis que regem a eletricidade não são confiáveis; e se a Lei da Atração parece ser demonstrada de forma imperfeita por uma

pessoa inexperiente ou desinformada, não podemos concluir que a maior e mais infalível lei da qual depende todo o sistema de criação foi suspensa. Devemos então concluir que é necessário um pouco mais de conhecimento sobre a lei, pelo mesmo motivo que faz com que nem sempre se chegue rápida e facilmente à solução correta de um problema difícil de matemática.

22. As coisas são criadas no mundo mental ou espiritual antes de surgirem em uma ação ou acontecimento do mundo exterior. Pelo simples processo de controle das forças de nosso pensamento hoje, ajudamos a criar acontecimentos que surgirão em nossas vidas no futuro, talvez amanhã mesmo. O desejo educado é o meio mais poderoso de colocar em ação a Lei da Atração.

23. O ser humano é constituído de um jeito que deve, primeiro, criar as ferramentas ou suplementos que lhe deem o poder de pensar. A mente não é capaz de compreender totalmente uma nova ideia, até que as células vibratórias do cérebro tenham sido preparadas para receber essa ideia. Isso explica por que é tão difícil para nós recebermos ou apreciarmos uma ideia totalmente nova; não temos célula cerebral capaz de recebê-la; portanto, somos incrédulos; não acreditamos nessa ideia.

24. Por isso, se você não estiver familiarizado com a Onipotência da Lei da Atração, e com o método científico que permite colocar essa lei em ação, ou se não conhecer as possibilidades ilimitadas que essa lei coloca à disposição daqueles capazes de tirar vantagem dos recursos oferecidos por ela, comece agora a criar as células cerebrais necessárias para que

seja capaz de compreender os poderes ilimitados que podem ser seus por meio da colaboração com a Lei Natural. Isso é alcançado com concentração ou atenção.

25. A intenção controla a atenção. O poder vem no repouso. É pela concentração que os pensamentos profundos, as palavras sábias e todas as forças de alta potencialidade são alcançados.

26. É no Silêncio que você entra em contato com o poder Onipotente da mente subconsciente da qual emana todo poder.

27. Aquele que deseja sabedoria, poder ou sucesso perpétuo de qualquer tipo encontrará essas coisas apenas dentro de si; a isso chamamos revelação. Os equivocados podem concluir que o silêncio é muito simples e fácil de ser obtido, mas devemos lembrar que somente no silêncio absoluto é possível entrar em contato com a Divindade; é preciso conhecer a lei imutável e se abrir para os canais que permitem que a prática persistente e a concentração levem à perfeição.

28. Esta semana, vá para o seu ambiente usual e sente-se na mesma cadeira, na mesma posição de sempre. Relaxe, solte-se, tanto física quanto mentalmente. Faça isso sempre; nunca tente fazer um trabalho mental sob pressão. Perceba que não há músculos ou nervos tensos, que você está totalmente confortável. Agora, realize a sua união com a onipotência. Entre em contato com esse poder, alcance um entendimento profundo e vital, apreciação e compreensão do fato de que sua capacidade de pensar é a sua capacidade de agir sobre a Mente Universal, de fazê-la se manifestar. Compreenda que ela atenderá toda e qualquer exigência;

que você tem exatamente a mesma capacidade potencial que qualquer indivíduo já teve ou terá, porque cada pessoa não passa de uma expressão ou manifestação do Uno. Todas são partes do todo, não há diferença de natureza ou qualidade: a única diferença é de grau.

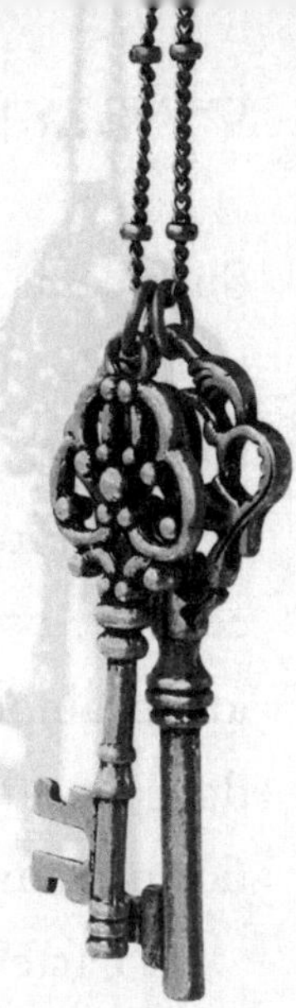

PARTE TREZE

A ciência física é responsável pela maravilhosa época de invenções em que vivemos, mas a ciência espiritual agora está começando uma carreira cujas possibilidades ninguém é capaz de prever.

A ciência espiritual era considerada coisa de gente sem instrução, supersticiosa e mística, mas agora as pessoas estão interessadas apenas em métodos bem definidos e fatos comprovados.

Descobrimos que pensar é um processo espiritual, que visão e imaginação precedem a ação e o acontecimento, e que chegou o dia do sonhador. A fala de Herbert Kaufman é interessante nesse sentido.

"Existem os arquitetos da grandeza, cuja visão é voltada para suas próprias almas; eles perscrutam através dos véus e das névoas da dúvida e atravessam os muros do Tempo vindouro. A roda com correia, o trilho de aço, o parafuso de aperto são partes do tear no qual eles tecem suas tapeçarias mágicas. Criadores do Império, eles lutaram por coisas maiores que coroas e por assentos mais elevados que tronos.

Suas casas foram erguidas na terra que um sonhador descobriu. Os quadros em suas paredes são visões da alma de um sonhador.

Eles são os raros escolhidos, os desbravadores. Os muros cedem e os Impérios caem, ondas gigantes varrem o oceano e arrancam uma fortaleza de sua rocha. As nações podres caem do galho do Tempo, e somente as coisas criadas pelo sonhador permanecem."

A Parte Treze a seguir revela por que os sonhos do sonhador se tornam realidade; explica a lei da causalidade segundo a qual sonhadores, inventores, autores e financistas transformam seus desejos em realidade. Explica também a lei que faz com que o que imaginamos em nossa mente por fim se torne nosso.

1. Tem sido a tendência, e, como poderia ser provado, uma necessidade da ciência tentar explicar os fatos do cotidiano por meio da generalização de outros que são menos frequentes e que constituem exceção. Assim, a erupção do vulcão manifesta o calor, que é contínuo no interior da Terra, e ao qual esta última deve muito de sua configuração.
2. Assim, o raio revela um poder sutil constantemente ocupado em gerar mudanças no mundo inorgânico e, assim como as línguas mortas que raramente ouvimos já predominaram entre as nações, um dente gigante na Sibéria, ou um fóssil nas profundezas da terra, não só registram a evolução de eras passadas, mas também nos explicam a origem das montanhas e dos vales que habitamos hoje em dia.

3. Desse modo, a generalização de fatos que são raros, estranhos ou constituem a exceção tem sido a agulha magnética que orienta todas as descobertas da ciência indutiva.
4. Esse método é baseado na razão e na experiência e acaba com a superstição, com os precedentes e com as convenções.
5. Já faz quase trezentos anos que Lorde Bacon recomendou esse método de estudo, ao qual as nações civilizadas devem a maior parte de sua prosperidade e a parte mais valiosa de seu conhecimento; eliminando da mente preconceitos limitantes, denominados "teorias", com mais eficácia do que a mais fina ironia; chamando a atenção das pessoas e fazendo com que voltem seu olhar do céu para a terra com mais sucesso por meio de experimentos surpreendentes do que demonstrando à força a ignorância delas; educando as faculdades inventivas de um modo mais poderoso ao apresentar as perspectivas de descobertas úteis a todos do que pelo discurso que revela as leis naturais de nossa mente.
6. O método de Bacon captou o espírito e o propósito dos grandes filósofos gregos e os colocou em prática por meio de novas formas de observação oferecidas por uma época diferente, revelando, assim, gradualmente, um campo de conhecimento maravilhoso no espaço infinito da astronomia, no ovo microscópico da embriologia e na vaga era da geologia; apresentando uma ordem de pulsação que a lógica de Aristóteles jamais teria descoberto, e analisando em elementos anteriormente desconhecidos as combinações importantes que nenhuma dialética dos acadêmicos seria capaz de separar.

7. Esse método prolongou a vida; mitigou a dor; eliminou doenças; aumentou a fertilidade do solo; deu novas garantias aos marinheiros; construiu sobre grandes rios pontes com formatos que nossos pais nem imaginavam. Guiou o raio do céu à terra; iluminou a noite com o esplendor do dia; ampliou o alcance da visão humana; multiplicou a força dos músculos humanos; acelerou o movimento; acabou com as distâncias; facilitou interações e correspondências, simplificou o trabalho de escritório e todos os despachos comerciais; permitiu aos seres humanos descer até as profundezas do oceano, cortar o ar, penetrar com segurança nos mais perigosos recônditos do planeta.

8. É essa a verdadeira natureza e escopo da indução. Mas quanto maior o sucesso alcançado pelo homem com a ciência indutiva, mais todo o teor de seus ensinamentos e exemplos nos impressiona com a necessidade de observar, com atenção, paciência e precisão, usando todos os instrumentos e recursos que estão a nosso dispor, os fatos individuais antes de nos aventurarmos a fazer afirmações sobre as leis em geral.

9. Para determinar o comportamento da fagulha da máquina elétrica em diversos casos, que sejamos inspirados por Franklin a enviar às nuvens, na forma de uma pipa, uma pergunta sobre a natureza do raio. Para termos certeza de como caem os corpos com a exatidão de Galileu, que com Newton ousemos perguntar à lua sobre a força que a prende à Terra.

10. Em suma, pelo valor que damos à verdade e por nossa esperança em um progresso contínuo e universal, para não

permitir que um preconceito tirânico negligencie ou mutile fatos indesejáveis, e para montar a superestrutura da ciência sobre uma base vasta e imutável, prestando a máxima atenção tanto aos fenômenos mais raros quanto àqueles mais frequentes.

11. Um material sempre crescente pode ser coletado por observação, mas os fatos acumulados têm um valor bem diferente para a explicação da natureza e, assim como valorizamos mais as qualidades humanas úteis que são mais raras, a filosofia natural também filtra os fatos e determina uma importância notável àquela classe que não pode ser explicada pela observação usual e rotineira da vida.

12. E se descobrimos que certas pessoas parecem ter um poder incomum, o que podemos concluir? Primeiro, podemos dizer que não é bem assim, o que é apenas o reconhecimento de nossa falta de informação, porque todo investigador honesto admite que há muitos fenômenos estranhos antes inexplicáveis. Entretanto, aqueles que estão familiarizados com o poder criativo do pensamento não acharão que esses fenômenos são inexplicáveis.

13. Segundo, podemos dizer que esse poder é resultante da interferência sobrenatural, mas a compreensão científica das Leis Naturais nos convencerá de que não há nada de sobrenatural nele. Cada fenômeno é o resultado de uma causa definida e precisa: uma lei ou princípio imutável que opera com precisão invariável, independentemente do fato dessa lei ou princípio ser colocado em ação conscientemente ou não.

14. Terceiro, podemos dizer que estamos em "território proibido", que existem coisas que não precisamos saber. Essa objeção foi usada contra todos os avanços do conhecimento humano. Todo indivíduo que já fez avançar uma nova ideia, seja ele Colombo, Darwin, Galileu, Fulton ou Emerson, foi ridicularizado e perseguido. Então, tal objeção não deve ser levada a sério. Pelo contrário, devemos examinar com atenção todo fato que chega até nós e, ao fazê-lo, determinar mais facilmente a lei em que se baseia.

15. Veremos que o poder criativo do pensamento explica toda condição ou experiência possível, seja ela física, mental ou espiritual.

16. O pensamento gerará condições correspondentes à atitude mental predominante. Portanto, se temermos um desastre, como o medo é uma forma poderosa de pensamento, o desastre certamente resultará do nosso pensamento. É esse tipo de pensamento que geralmente arruína anos de esforço e trabalho duro.

17. Se pensarmos em algum tipo de riqueza material, poderemos obtê-la. Por meio do pensamento concentrado, as condições necessárias surgirão e os esforços adequados serão feitos e resultarão nas circunstâncias necessárias para a realização de nossos desejos. Todavia, muitas vezes notamos que, quando conseguimos coisas que achávamos que queríamos, elas não tinham o efeito esperado. Isto é, a satisfação é apenas temporária, ou talvez o resultado seja o oposto do que esperávamos.

18. Então, qual o modo de ação apropriado? O que devemos pensar para garantir que consigamos obter o que realmente

desejamos? O que você e eu desejamos, o que todos nós desejamos, é Felicidade e Harmonia. Se formos verdadeiramente felizes, conseguiremos tudo o que o mundo tem a oferecer. Se estivermos felizes com nós mesmos poderemos fazer os outros felizes também.

19. Só que não podemos ser felizes se não tivermos saúde, força, amigos compatíveis, um ambiente agradável, recursos suficientes não apenas para atender às nossas necessidades, mas também para oferecer o conforto e o luxo a que todos temos direito.

20. O velho modo ortodoxo de pensar era que devíamos ser "um nada", ficar satisfeitos com nosso quinhão do que quer que fosse. Mas o pensamento moderno é que devemos saber que temos direito ao que há de melhor, pois "O Pai e eu somos um", e o "Pai" é a Mente Universal, o Criador, a Matéria Original da qual todas as coisas surgiram.

21. Então, supondo que tudo isso seja verdade em teoria – e isso vem sendo ensinado por dois mil anos e é a essência de todo sistema de Filosofia ou Religião –, como podemos colocar essa lei em prática em nossas vidas? Como alcançamos resultados reais e tangíveis aqui e agora?

22. Em primeiro lugar, devemos aplicar o nosso conhecimento. Não há outra maneira. O atleta pode ler livros e lições sobre treinamento físico a vida toda, mas se não começar a ganhar força por meio de exercícios físicos, jamais a conseguirá; ele acabará recebendo exatamente o que der, mas primeiro precisa dar o que quer receber. Exatamente a mesma coisa acontece conosco; receberemos o que dermos, mas temos

que dar antes de receber. E então, o que dermos voltará para nós multiplicado, e esse ato de dar é apenas um processo mental, porque os pensamentos são as causas, e as condições são os efeitos. Portanto, se tivermos pensamentos de coragem, inspiração, saúde ou ajuda de qualquer tipo, estaremos colocando em ação causas que nos trarão seus efeitos.

23. O pensamento é uma atividade espiritual e, portanto, criativa. Mas não se engane: o pensamento não é capaz de criar nada se não for direcionado de forma consciente, sistemática e construtiva. E essa é a diferença entre o pensamento aleatório, que não passa de desperdício de energia, e o pensamento construtivo, que significa realizações praticamente ilimitadas.

24. Vimos que tudo que conseguimos chega até nós graças à Lei da Atração. Um pensamento feliz não pode existir em uma consciência infeliz; portanto, a consciência deve mudar e, assim, todas as condições necessárias para satisfazer essa nova consciência deverão mudar gradualmente para atender às exigências da nova situação.

25. Ao criarmos uma Imagem Mental ou Ideal, projetamos um pensamento na Substância Universal da qual todas as coisas são feitas. Essa Substância Universal é Onipresente, Onipotente e Onisciente. Devemos informar ao Onisciente do canal apropriado a ser usado para materializar nossas demandas? O finito pode aconselhar o Infinito? É essa a causa do fracasso, de qualquer fracasso. Reconhecemos a Onipresença da Substância Universal, mas não somos capazes de compreender o fato de que essa substância não é

só Onipresente, mas também Onipotente e Onisciente, e, consequentemente, colocará em ação causas que podemos ignorar completamente.

26. Podemos preservar melhor nossos interesses reconhecendo o Poder Infinito e a Sabedoria Infinita da Mente Universal, e assim nos tornar um canal que o Infinito possa usar para realizar nossos desejos. Significa que reconhecimento leva à realização. Por isso, o exercício desta semana faz uso do princípio, reconhece o fato de que você faz parte do todo e de que uma parte deve ter a mesma natureza e qualidade do todo; a única diferença possível é de grau.

27. Quando esse fato incrível começar a entrar em sua consciência, quando realmente entender que você (não o seu corpo, e sim o seu Ego), o "eu", o espírito pensante, é parte integrante do todo, que tem a mesma substância, qualidade e natureza do Criador, e que o Criador não pode criar nada diferente Dele mesmo, você também poderá dizer "O Pai e eu somos um", e então, você compreenderá a beleza, a grandiosidade e as oportunidades transcendentais que estão ao seu dispor.

PARTE CATORZE

Até agora, com seu estudo você constatou que o pensamento é uma atividade espiritual e, portanto, tem poder criativo. Isso não significa que *alguns* pensamentos são criativos, mas que *todo* pensamento é criativo. Esse mesmo princípio pode ser colocado em ação de modo negativo por meio do processo de negação.

O consciente e o subconsciente são duas fases de ação ligadas à mesma mente. A relação entre o subconsciente e o consciente é bem parecida com aquela existente entre um cata-vento e a atmosfera.

Assim como a menor pressão do ar causa uma ação por parte do cata-vento, o menor pensamento cultivado pela mente consciente produz em sua mente subconsciente uma ação de proporção exatamente igual à profundidade do sentimento que caracteriza o pensamento e a intensidade com que se tem esse pensamento.

Daí que, se você rejeitar condições insatisfatórias, estará eliminando o poder criativo do seu pensamento nessas condições. Você estará cortando sua raiz; estará minando sua energia.

Lembre-se de que a lei do crescimento necessariamente direciona qualquer manifestação no objetivo, de modo que uma rejeição de condições insatisfatórias não trará nenhuma mudança imediata. Uma planta continua visível por um tempo depois que suas raízes são cortadas, mas depois começa a murchar gradualmente e acaba por desaparecer. Então, arrancar seu pensamento da contemplação de condições insatisfatórias fará com que essas condições sejam gradual mas definitivamente eliminadas.

Você verá que esse rumo é completamente oposto àquele que tendemos naturalmente a adotar. Portanto, ele terá um efeito totalmente contrário ao geralmente esperado. A maioria das pessoas se concentra intensamente em condições insatisfatórias, dando, assim, a essa condição a mesma energia e força necessárias para um crescimento vigoroso.

1. A Energia Universal da qual se origina todo movimento, luz, calor e cor não tem a mesma limitação de muitos efeitos dos quais é a causa; ela é superior a todos eles. Essa Substância Universal é a fonte de todo Poder, Sabedoria e Inteligência.

2. Reconhecer essa Inteligência é familiarizar-se com a sábia qualidade da Mente e, por meio dela, agir sobre a Substância Universal e trazê-la para as relações harmoniosas em seus negócios.

3. Isso é uma coisa que o mais experiente professor de ciência física nunca tentou – um campo de descoberta ao qual ele ainda não se lançou. Na verdade, apenas algumas escolas materialistas captaram o primeiro raio dessa luz. Elas

parecem não perceber que a sabedoria está presente em toda parte, da mesma forma que a energia e a substância.

4. Alguns dirão: se esses princípios são verdadeiros, por que não os demonstramos? Como o princípio fundamental é obviamente correto, por que não alcançamos os resultados apropriados? Alcançamos, sim. Os resultados que obtemos estão em total conformidade com a nossa compreensão da lei e com a nossa capacidade de aplicá-la devidamente. Não conseguíamos obter nenhum resultado com as leis que regem a eletricidade até alguém formular a lei e nos mostrar como aplicá-la.

5. Isso nos coloca em uma relação totalmente nova com o nosso ambiente, apresentando possibilidades nunca antes imaginadas, e isso ocorre por meio de uma sequência ordenada da lei que está naturalmente envolvida em nossa nova atitude mental.

6. A mente é criativa e o princípio em que se baseia essa lei é razoável e legítimo, bem como inerente à natureza das coisas. No entanto, esse poder não tem origem no individual, e sim no Universal, que é a fonte e a origem de toda energia e substância. O individual é apenas o canal de distribuição dessa energia. O individual é o meio pelo qual o Universal gera várias combinações que resultam na criação dos fenômenos.

7. Sabemos que os cientistas decompuseram a matéria em um número imenso de moléculas; essas moléculas foram decompostas em átomos, e os átomos, em elétrons. A descoberta dos elétrons em tubos de vidro com alto nível de

vácuo contendo extremidades de metal duro indica conclusivamente que esses elétrons ocupam todos os espaços; que eles existem em toda parte e que são onipresentes. Eles preenchem todos os corpos materiais e ocupam a totalidade do que chamamos de espaço vazio. Portanto, essa é a Substância Universal da qual todas as coisas são feitas.

8. Os elétrons continuarão sendo elétrons para sempre, a menos que sejam direcionados para formar átomos e moléculas, e quem os direciona é a Mente. O número de elétrons que gira ao redor de um centro de energia constitui um átomo; os átomos se unem em proporções matemáticas absolutamente regulares e formam moléculas, e as moléculas se unem umas às outras para formar inúmeros compostos que se unem para formar o Universo.

9. O átomo mais leve conhecido é o hidrogênio, e ele é 1.700 vezes mais pesado que um elétron. Um átomo de mercúrio é 300 mil vezes mais pesado que um elétron. Elétrons são pura eletricidade negativa, e, como têm a mesma velocidade potencial de todas as outras energias cósmicas, tais como calor, luz, eletricidade e pensamento (cerca de 300 mil quilômetros por segundo) , não requerem a consideração de tempo ou espaço. O modo como a velocidade da luz foi determinada é interessante.

10. A velocidade da luz foi determinada pelo astrônomo dinamarquês Roemer, em 1676, ao observar os eclipses das luas de Júpiter. Quando a Terra estava no ponto mais próximo de Júpiter, o eclipse acontecia oito minutos e meio antes do tempo calculado, e, quando a Terra estava no ponto mais distante de Júpiter, acontecia oito minutos e meio depois. Roemer

concluiu que o motivo disso era que a luz levava 17 minutos para vir do planeta e atravessar o diâmetro da órbita da Terra, que media a diferença das distâncias da Terra em relação a Júpiter. Esse cálculo foi examinado desde então e prova que a luz viaja a uma velocidade aproximada de 299.792 quilômetros por segundo.

11. Os elétrons se manifestam no corpo das células e têm mente e inteligência suficientes para realizar suas funções na anatomia física humana. Cada parte do corpo é feita de células, e algumas delas funcionam de forma independente, enquanto outras funcionam em grupos. Algumas constroem tecidos, enquanto outras estão envolvidas na formação das várias secreções necessárias ao corpo. Algumas servem de transportadoras de material, outras são cirurgiãs que trabalham para reparar danos, outras são catadoras e cuidam da eliminação de resíduos. Há, ainda, as que estão sempre prontas para combater invasores ou intrusos da família dos germes.

12. Todas essas células trabalham com um propósito em comum, e cada uma delas não só é um organismo vivo, como também tem inteligência suficiente para realizar todas as suas tarefas necessárias. Essas células ainda são dotadas de inteligência suficiente para conservar energia e perpetuar a própria vida. Portanto, devem obter nutrientes suficientes, e descobriu-se que são capazes de escolher esses nutrientes.

13. Cada célula nasce, se reproduz, morre e é absorvida. A manutenção da saúde e da própria vida depende dessa constante regeneração das células.

14. Portanto, está claro que existe mente em cada átomo do corpo. Essa mente é negativa, e o poder de pensamento do indivíduo a torna positiva, para que possa controlar essa mente negativa. Essa é a explicação científica da cura metafísica, que permite a qualquer pessoa compreender o princípio que embasa esse interessante fenômeno.

15. Essa mente negativa, presente em cada célula do corpo, foi chamada de mente subconsciente, porque age sem nosso conhecimento consciente. Já vimos que essa mente subconsciente responde à vontade da mente consciente.

16. Todas as coisas se originam na mente, e a materialização dessas coisas é o resultado do pensamento. Assim, vemos que as coisas em si não têm origem, permanência ou realidade. Como são geradas pelo pensamento, elas podem ser eliminadas por ele.

17. Na ciência mental, assim como na natural, experimentos são realizados, e cada descoberta faz a humanidade subir mais um degrau na direção de sua meta possível. Vimos que toda pessoa é o reflexo do pensamento que cultiva por sua vida toda. Isso está estampado em seu rosto, corpo, caráter e ambiente.

18. Por trás de todo efeito há uma causa e, se seguirmos o rastro até seu ponto de origem, encontraremos o princípio criativo que gerou essa causa. Há tantas evidências disso atualmente que essa verdade é geralmente aceita.

19. O mundo objetivo é controlado por um poder invisível, que costumava ser inexplicável. Até pouco tempo atrás, costumávamos personificá-lo e chamá-lo de Deus. Entretanto, agora aprendemos a ver esse poder como a essência ou

Princípio que permeia tudo que existe – o Infinito ou Mente Universal.

20. A Mente Universal, sendo infinita e onipotente, tem recursos ilimitados a seu dispor, e, quando nos lembramos que essa mente também é onipresente, não podemos fugir à conclusão de que devemos ser uma expressão ou manifestação dessa Mente.

21. O reconhecimento e a compreensão dos recursos da mente subconsciente mostrarão que a única diferença entre o subconsciente e o Universal é de grau. Eles diferem assim como uma gota d'água difere do oceano. São uma só coisa; têm a mesma natureza e qualidade, a única diferença é apenas quanto ao grau.

22. Você pode ou é capaz de apreciar o valor desse fato importantíssimo? Percebe que reconhecê-lo o coloca em contato com a Onipotência? Se a mente subconsciente é a qualidade de ligação entre a Mente Universal e a mente consciente, não é evidente que a mente consciente sugere pensamentos que a mente subconsciente colocará em ação? E se o subconsciente é uno com o Universal, não é evidente que não se pode limitar suas atividades?

23. Um entendimento científico desse princípio explicará os maravilhosos resultados alcançados por meio do poder da oração. Esses resultados não são gerados por algum tipo especial de Providência; pelo contrário, resultam de uma lei totalmente natural em ação. Portanto, não há nada de religioso ou misterioso nisso.

24. Ainda assim, muitas pessoas não estão prontas para desenvolver a disciplina necessária para pensar corretamente, apesar de ser evidente que o pensamento errado só lhes trouxe fracassos.

25. O pensamento é a única realidade; as condições não passam de manifestações externas. Conforme o pensamento muda, todas as condições externas ou materiais devem mudar para que fiquem em harmonia com o seu criador, o pensamento.

26. Mas o pensamento deve ser claro, constante, fixo, bem definido, imutável. Você não pode dar um passo para frente e dois para trás, nem desperdiçar vinte ou trinta anos de sua vida criando condições negativas como resultado de pensamentos negativos, e então esperar que todas desapareçam depois de quinze ou vinte minutos de pensamentos corretos.

27. Se você decidir desenvolver a disciplina necessária para fazer uma mudança radical em sua vida, deverá fazê-lo deliberadamente, depois de pensar bem e considerar com cuidado o assunto, e então não deverá deixar que nada interfira em sua decisão.

28. Essa disciplina, essa mudança de pensamento, essa atitude mental não lhe trará apenas as coisas materiais necessárias para que você tenha uma vida confortável e de padrão elevado, mas também condições de saúde e harmonia no geral.

29. Se você quer condições harmoniosas em sua vida, deve desenvolver uma atitude mental harmoniosa.

30. Seu mundo exterior será um reflexo do seu mundo interior.

31. No exercício desta semana, concentre-se na Harmonia, e, quando digo concentre-se, quero dizer em tudo o que essa palavra implica. Concentre-se tão intensa e profundamente que só terá pensamentos de harmonia. Lembre-se de que aprendemos fazendo. Ler estas lições não o levará a lugar algum. É sua aplicação prática que tem valor.

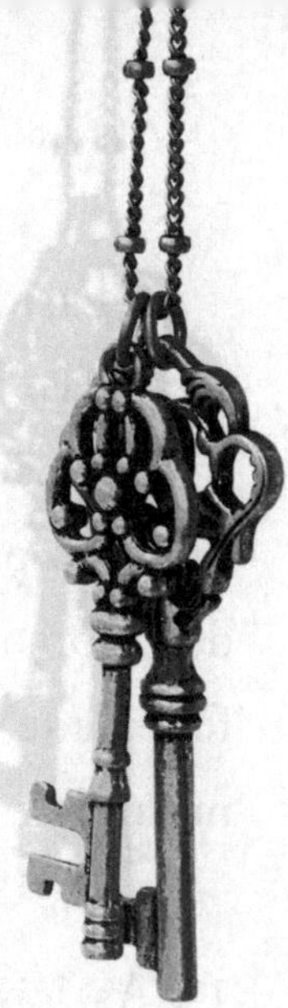

PARTE QUINZE

Experimentos com parasitas encontrados em plantas indicam que até mesmo a mais inferior forma de vida pode tirar vantagem da lei natural. O experimento a seguir foi conduzido pelo dr. Jacques Loch, PHD, membro do Instituto Rockefeller.

"Para se obter o material, roseiras plantadas em vasos são trazidas para a sala e colocadas diante de uma janela com a vidraça fechada. Se as plantas secam, os pulgões (parasitas), que antes não tinham asas, se transformam em insetos alados. Depois da metamorfose, os animais deixam as plantas, voam na direção da janela e começam a rastejar vidro acima."

É evidente que esses insetos minúsculos perceberam que as plantas em que cresceram estão mortas, e que obviamente não conseguiriam arranjar mais nada para comer e beber nessa fonte. A única forma de salvarem a si mesmos da inanição era criar asas temporárias e voar, e foi isso que fizeram.

Experimentos como esse indicam que a Onisciência e a Onipotência são onipresentes, e que até o menor ser vivo pode tirar vantagem disso em uma emergência.

A Parte Quinze falará mais sobre as leis que regem nossas vidas. Explicará que essas leis agem em nosso benefício; que todas as condições e experiências que atraímos são para nosso proveito; que ganhamos força na mesma proporção do esforço feito; e que a melhor maneira de alcançar nossa felicidade é por meio da cooperação consciente com as leis naturais.

1. As leis que regem nossas vidas existem apenas para o nosso benefício. Essas leis são imutáveis e não há como escaparmos de sua ação.
2. Todas as grandes forças eternas agem em solene silêncio, mas podemos entrar em sintonia com elas e, assim, expressar uma vida de semelhante paz e felicidade.
3. Dificuldades, desarmonia e obstáculos indicam que estamos nos recusando a abrir mão do que não precisamos mais ou a aceitar o que nos é necessário.
4. O crescimento é alcançado por meio de uma troca do velho pelo novo, do bom pelo melhor; é uma ação condicional e recíproca, pois cada um de nós é uma entidade pensante completa, e essa completude faz com que seja possível recebermos apenas o que ofertamos.
5. Não podemos obter o que precisamos se nos agarramos obstinadamente ao que temos. Somos capazes de controlar conscientemente nossas condições quando avaliamos de maneira sensata o propósito do que atraímos, e podemos extrair de cada experiência somente o que precisa-

mos para continuar crescendo. Nossa capacidade de fazer tal coisa determina o grau de harmonia ou felicidade que alcançamos.

6. A capacidade de obter o que é necessário para o nosso crescimento aumenta constantemente conforme alcançamos planos mais elevados e desenvolvemos uma visão mais ampla e, quanto maior a nossa capacidade de saber quais são as nossas necessidades, mais seguros devemos ser para que possamos reconhecer a presença dessas coisas, atraí-las e absorvê-las. Tudo o que necessitamos para o nosso crescimento pode chegar até nós.
7. Todas as condições e experiências que atraímos são para o nosso benefício. Continuaremos atraindo dificuldades e obstáculos até absorvermos sua sabedoria e extrairmos deles o essencial para continuarmos crescendo.
8. Que colhemos o que plantamos é uma verdade matematicamente exata. Ganhamos força permanente na medida exata do esforço feito para superarmos as dificuldades.
9. As necessidades inexoráveis do crescimento exigem que exerçamos o mais elevado grau de atração para obtermos o que está em total sintonia conosco. Nossa maior felicidade será alcançada pela compreensão das leis naturais e por nossa cooperação consciente com tais leis.
10. Para que tenha energia, o pensamento deve estar impregnado de amor. Amor é um produto das emoções. Portanto, é fundamental que as emoções sejam controladas e direcionadas pelo intelecto e pela razão.

11. É o amor que transmite energia para o pensamento, permitindo, assim, que ele germine. A Lei da Atração, ou a lei do amor, pois as duas são uma só coisa, trará o que for necessário para o crescimento e a maturidade do pensamento.

12. A primeira forma que o pensamento encontra é a linguagem, ou as palavras; isso determina a importância das palavras; elas são a primeira manifestação do pensamento – os recipientes que o contêm. Elas agarram o éter e, ao colocá-lo em ação, reproduzem o pensamento para outras pessoas na forma de sons.

13. O pensamento pode levar a ações de qualquer tipo, mas qualquer ação é apenas o pensamento tentando se expressar numa forma visível. Portanto, é evidente que, se queremos condições desejáveis, devemos cultivar apenas pensamentos desejáveis.

14. Isso nos leva à inevitável conclusão de que, se desejamos expressar fartura em nossas vidas, devemos cultivar somente pensamentos de abundância, e, como as palavras não passam de pensamentos tomando forma, devemos ser especialmente cuidadosos e usar apenas linguagem construtiva e harmoniosa, a qual, quando finalmente se cristalizar em formas objetivas, será para o nosso benefício.

15. Não podemos evitar as imagens que fotografamos sem parar em nossa mente, e essa fotografia de ideias errôneas é exatamente o que fazemos ao usarmos as palavras, quando utilizamos qualquer forma de linguagem que não tem relação com o nosso bem-estar.

16. Passamos a manifestar mais e mais vida conforme nosso pensamento torna-se mais claro e avança para planos mais elevados. Isso é mais facilmente alcançado quando usamos imagens de palavras que são claramente definidas e livres de ideias ligadas a elas em planos menos elevados de pensamento.

17. É com palavras que devemos expressar nossos pensamentos e, se formos fazer uso de formas mais elevadas de verdade, podemos utilizar apenas material que tenha sido selecionado com cuidado e inteligência tendo tal propósito em vista.

18. Esse maravilhoso poder de expressar os pensamentos na forma de palavras é o que diferencia os seres humanos do restante do reino animal. Pelo uso da palavra escrita, podemos olhar para trás ao longo de séculos e ver cenas interessantes que passaram a fazer parte de nossa herança atual.

19. O ser humano pode estar em comunhão com os maiores escritores e pensadores de todos os tempos e, portanto, todos os registros que possuímos hoje em dia constituem a expressão do Pensamento Universal que procura tomar forma na mente do Homem.

20. Sabemos que o Pensamento Universal tem como meta a criação da forma; sabemos que, do mesmo modo, o pensamento individual está sempre tentando se expressar na forma, e sabemos que a palavra é uma forma do pensamento, e que uma frase é uma combinação de formas do pensamento. Portanto, se desejamos que nosso ideal seja

forte ou belo, devemos entender que as palavras com as quais criar esse templo devem ser precisas e combinadas com cuidado, porque a precisão na construção de palavras e frases é a forma mais elevada de arquitetura da civilização e o passaporte para o sucesso.

21. Palavras são pensamentos e, portanto, um poder invisível e invencível, e se materializarão na forma que lhes foi dada.

22. As palavras podem se transformar em lugares mentais que existirão para sempre, ou podem se transformar em barracões que uma simples brisa derruba. Elas podem agradar olhos e ouvidos; podem conter todo o conhecimento; nelas encontramos a história do passado e a esperança do futuro; elas são mensageiras vivas que dão origem a toda atividade humana ou super-humana.

23. A beleza das palavras é a beleza do pensamento. O poder da palavra é o poder do pensamento. E o poder do pensamento é sua vitalidade. Como identificamos um pensamento vital? Quais são as características que o distinguem? Deve haver um princípio, mas como identificamos o princípio?

24. Existe um princípio da Matemática, mas nenhum do erro. Existe um princípio da saúde, mas nenhum da doença. Existe um princípio da verdade, mas nenhum da desonestidade. Existe um princípio da luz, mas nenhum da escuridão. Existe um princípio da abundância, mas nenhum da pobreza.

25. Como sabemos que isso é verdade? Porque se aplicarmos o princípio da Matemática corretamente, sem dúvida

alcançaremos nossos resultados. Onde há saúde, não há doença. Se conhecermos a Verdade, não nos deixaremos enganar pelo erro. Se deixarmos entrar a luz, não haverá escuridão. E se há abundância, não pode haver pobreza.

26. Esses são fatos evidentes por si sós, mas a verdade importantíssima é que um pensamento que contém princípio é vital e, portanto, contém a vida e, consequentemente, cria raízes e, por fim e com certeza, acaba por deslocar os pensamentos negativos, os quais, devido à sua natureza, não contêm vitalidade: isso parece ter sido esquecido.

27. Mas esse é o fato que lhe permitirá eliminar qualquer tipo de dissonância, insuficiência e limitação.

28. Não há dúvida de que aquele que "é sábio o bastante para compreender" logo reconhecerá que o poder criativo do pensamento coloca uma arma invisível nas mãos desse indivíduo e faz dele senhor de seu destino.

29. No mundo físico, existe uma lei de compensação que é: "O surgimento de certa quantidade de energia em um lugar significa o desaparecimento da mesma quantidade de energia em outro lugar", e por isso entendemos que só podemos receber aquilo que ofertamos. Se prometermos a nós mesmos fazer determinada coisa, devemos estar preparados para assumir a responsabilidade de realizá-la. O subconsciente não é capaz de raciocinar. Ele confia em nossa palavra. Se pedimos algo, nós receberemos o que pedimos. Se fizermos nossa cama, temos que nos deitar nela. Os dados foram lançados; os fios formarão o padrão que escolhermos.

30. Por isso, devemos exercitar o Discernimento, para que o pensamento que cultivamos não contenha nenhum germe mental, moral ou físico que não queremos que seja materializado em nossa vida.

31. O Discernimento é a faculdade mental que nos permite examinar fatos e condições distantes – é uma espécie de telescópio humano –, e nos permite entender as dificuldades e também as possibilidades, em qualquer situação.

32. O Discernimento permite que estejamos preparados para os obstáculos que encontrarmos; assim, podemos superá-los antes que tenham qualquer chance de causar dificuldades.

33. O Discernimento nos permite planejar com antecedência e voltar nosso pensamento e nossa atenção para a direção certa, e não para os canais que não oferecem retorno algum.

34. O Discernimento, portanto, é absolutamente essencial para o desenvolvimento de qualquer grande feito, mas com ele podemos entrar, explorar e dominar qualquer campo mental.

35. O Discernimento é um produto do mundo interior e se desenvolve no Silêncio, por meio da concentração.

36. No exercício desta semana, concentre-se no Discernimento. Assuma sua posição habitual e foque seu pensamento no fato de que conhecer o poder criativo do pensamento não significa dominar a arte do pensamento. Mantenha esse pensamento focado no fato de que o conhecimento não

se aplica sozinho; de que nossas ações não são governadas pelo conhecimento, e sim pelo hábito, por costumes e por precedentes. A única maneira de aplicarmos o conhecimento é por meio de determinado esforço consciente. Traga à mente o fato de que o conhecimento não utilizado desaparece da mente; que o valor da informação está na aplicação do princípio. Continue nessa linha de raciocínio até alcançar discernimento suficiente para formular um programa definitivo de aplicação desse princípio em seu problema particular.

PARTE DEZESSEIS

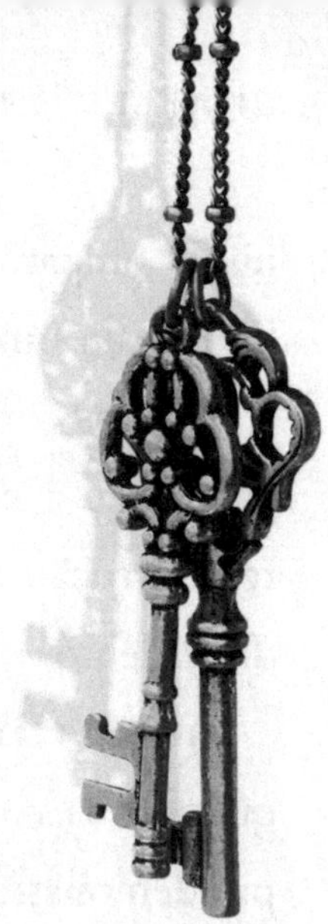

As atividades vibratórias do Universo planetário são regidas por uma lei de periodicidade. Todo ser vivo tem períodos de nascimento, crescimento, maturidade e declínio. Esses períodos são regidos pela Lei dos Sete.

A Lei dos Sete rege os dias da semana, as fases da lua, as harmonias do som, a luz, o calor, a eletricidade, o magnetismo, a estrutura dos átomos. Ela rege a vida dos indivíduos e das nações e controla as atividades do mundo comercial.

Vida é crescimento, e crescimento é mudança. A cada período de sete anos, um novo ciclo se inicia. Os primeiros sete anos compõem a primeira infância. Os sete anos seguintes constituem a infância e representam o início da responsabilidade individual. Os sete anos posteriores representam o período da adolescência. O quarto período marca o crescimento completo. O quinto período é aquele construtivo, quando a pessoa começa a adquirir bens e posses, constrói uma casa e uma família. O período que vai dos 35 aos 42 é de reação e mudanças, e a ele se segue um período de reconstrução, adaptação e recuperação, numa preparação para um novo ciclo de setes, que começa no quinquagésimo ano.

Muitos consideram que o mundo está prestes a sair do sexto período e a entrar em breve no sétimo, aquele de adaptação, reconstrução e harmonia; o período frequentemente chamado de Milênio.

Aqueles familiarizados com esses ciclos não se incomodarão quando as coisas parecerem dar errado, e aplicarão o princípio demonstrado nestas lições com a plena certeza de que uma lei superior inevitavelmente controlará as outras, e de que, por meio do entendimento e da operação consciente das leis espirituais, poderemos transformar qualquer suposta dificuldade em uma bênção.

1. A prosperidade é fruto do trabalho. O dinheiro é um efeito, não uma causa; um escravo, não um mestre; um meio, não um fim.
2. A definição mais comumente aceita de prosperidade é que consiste em todas as coisas úteis e agradáveis que têm valor de troca. E é esse valor de troca a característica predominante da riqueza.
3. Quando consideramos a pequena contribuição da riqueza para a felicidade de quem a possui, vemos que o real valor não está em sua utilidade, mas em sua troca.
4. Esse valor de troca faz da riqueza um meio de obtenção de coisas de valor real que possibilitam a realização de nossos ideais.

5. Por isso, não se deve jamais desejar a riqueza como um fim, apenas como um meio para se chegar a um fim. O sucesso depende de um ideal que está acima do mero acúmulo de bens, e aquele que aspira ao sucesso deve formular um ideal pelo qual deseje lutar.

6. Com esse ideal em mente, as vias e os meios surgirão, mas não se deve cometer o engano de trocar o fim pelo meio. Deve haver um propósito firme, um ideal.

7. Prentice Mulford disse: "A pessoa bem-sucedida é aquela que tem maior entendimento espiritual e que sabe que toda grande fortuna vem de um poder verdadeiramente espiritual e superior". Infelizmente, existem pessoas incapazes de reconhecer esse poder. Elas se esquecem de que a mão de Andrew Carnegie teve que ajudar a sustentar a família quando eles vieram para a América; que o pai de Harriman era um pobre clérigo que recebia um salário de apenas 200 dólares por ano; que Thomas Lipton começou com apenas 25 centavos. Essas pessoas não podiam contar com nenhum outro poder, mas este não os deixou na mão.

8. O poder de criação depende totalmente do poder espiritual; e há três etapas: idealização, visualização e materialização. Todo homem de negócios depende exclusivamente desse poder. Em um artigo da *Everybody's Magazine*, Henry M. Flagler, o multimilionário da Standard Oil, admitiu que o segredo de seu sucesso era seu poder de ver as coisas em sua completude. A seguinte conversa com o entrevistador mostra seu poder de idealização, visualização e materialização, todos eles poderes espirituais:

9. "Você realmente visualizou para si tudo isso? Quer dizer, você de fato pôde fechar os olhos e enxergar os trilhos e os trens passando? Ouviu o apito soando? Foi tão longe assim?" "Sim." "Com que clareza?" "Com total clareza."

10. Temos aqui uma visão da lei, vemos o princípio de "causa e efeito", vemos que o pensamento necessariamente precede e determina a ação. Se formos sensatos, compreenderemos o tremendo fato de que nenhuma condição arbitrária pode existir por um instante, e que a experiência humana é o resultado de uma sequência organizada e harmoniosa.

11. Pessoas de negócios bem-sucedidas geralmente são idealistas e estão sempre lutando para alcançar padrões cada vez mais elevados. As sutis forças do pensamento, que se cristalizam em nossos humores diários, são aquelas que constituem a vida.

12. O pensamento é o material plástico com o qual construímos imagens de nossa crescente concepção da vida. O uso determina sua existência. E, assim como todas as outras coisas, nossa capacidade de reconhecê-lo e usá-lo de forma apropriada é a condição necessária para nossas realizações.

13. Riqueza prematura é um prenúncio de humilhação e desastre, porque não podemos manter para sempre o que não merecemos ou o que não nos esforçamos para conseguir.

14. As condições com que nos deparamos no mundo exterior correspondem àquelas que encontramos no mundo interior. Elas são geradas pela Lei da Atração. Então, como podemos determinar quais condições devem entrar no mundo interior?

15. Qualquer coisa que entrar na mente por meio dos sentidos ou da mente objetiva influenciará a mente e resultará em uma imagem mental que se tornará um padrão para as energias criativas. Essas experiências são, em grande parte, resultado do ambiente, do acaso, de pensamentos anteriores e de outras formas de pensamento negativo, e devem passar por uma análise cuidadosa antes de serem mantidas. Por outro lado, podemos formar nossas próprias imagens mentais, usando nossos processos interiores de pensamento, independentemente dos pensamentos de outras pessoas, das condições exteriores, do ambiente de todo tipo, e é pelo exercício desse poder que conseguimos controlar nosso destino, corpo, mente e alma.

16. Pelo exercício desse poder tiramos nosso destino das mãos do acaso e criamos conscientemente para nós as experiências que desejamos, porque, quando realizamos uma condição de forma consciente, essa condição acaba por se manifestar em nossa vida. Portanto, é evidente que, em última análise, pensar é a única grande causa na vida.

17. Assim, controlar o pensamento é controlar circunstâncias, condições, ambiente e destino.

18. Então, como podemos controlar o pensamento? Qual é o processo? Pensar é criar um pensamento, mas o resultado dependerá de sua forma, qualidade e energia.

19. A forma dependerá das imagens mentais do qual ele deriva: dependerá da profundidade da impressão, da predominância da ideia, da clareza da visão, da força da imagem.

20. A qualidade dependerá de sua substância e, portanto, do material do qual é feita a mente. Se tiver sido criado com base em vigor, força, coragem e determinação, o pensamento terá essas qualidades.

21. E, por fim, a energia dependerá do sentimento impregnado no pensamento. Se o pensamento for construtivo, terá vitalidade, terá vida, crescerá, se desenvolverá e expandirá. Será criativo; atrairá para si tudo o que for necessário para completar seu desenvolvimento.

22. Se o pensamento for destrutivo, trará dentro de si a semente de sua própria ruína. Ele morrerá, mas em seu processo de morte ele trará doenças, males e toda forma de dissonância.

23. A isso damos o nome de mal e, quando atraímos esse tipo de coisa para nós mesmos, algumas pessoas tendem a atribuir tais dificuldades a um Ser Supremo; porém, esse Ser Supremo trata-se apenas da Mente em equilíbrio.

24. Esse ser não é bom nem mau; apenas é.

25. Nossa capacidade de fazê-lo assumir uma forma é a nossa capacidade de manifestar o bem e o mal.

26. Portanto, o bem e o mal não são entidades, mas simplesmente palavras que usamos para indicar o resultado de nossas ações. Estas, por sua vez, são predeterminadas pela natureza de nosso pensamento.

27. Se o nosso pensamento for construtivo e harmonioso, manifestaremos o bem; se for destrutivo e dissonante, manifestaremos o mal.

28. Se deseja visualizar um ambiente diferente, o processo consiste em apenas manter o ideal em mente até que sua visão se torne real. Não volte seu pensamento para pessoas, lugares ou coisas; isso não tem nenhuma serventia. O ambiente que você deseja conterá tudo que for necessário. As pessoas certas e as coisas certas surgirão no momento certo e no lugar certo.

29. Às vezes, não é óbvio como natureza, capacidade, realização, conquista, ambiente e destino podem ser controlados pelo poder da visualização, mas esse é um fato científico.

30. Você logo verá que o que pensamos determina a qualidade da mente, e que esta, por sua vez, determina nossa capacidade e habilidade mental. Então, você entenderá que, ao melhorarmos nossa habilidade, naturalmente aumentaremos nossas conquistas e teremos um controle maior das circunstâncias.

31. Verá então que as leis Naturais funcionam de maneira totalmente natural e harmoniosa. Parece que as coisas "simplesmente acontecem". Se quiser provas disso, basta comparar os resultados dos seus esforços em sua própria vida, examinando quando suas ações foram geradas por ideais elevados e quando você cultivou motivos egoístas e ocultos em sua mente. Você não precisará de outras evidências. Se quiser realizar qualquer desejo, forme uma imagem mental do sucesso em sua mente, visualizando esse desejo de forma consciente. Assim, você estará forçando o sucesso, estará externalizando-o em sua vida por meio de métodos científicos.

32. Só podemos ver o que já existe no mundo objetivo, mas o que visualizamos já existe no mundo espiritual, e essa visualização é um sinal substancial do que um dia surgirá no mundo objetivo, se formos fiéis ao nosso ideal. Não é difícil entender por que isso acontece. A visualização é uma forma de imaginação; esse processo de pensamento forma impressões na mente, e essas impressões, por sua vez, se transformam em conceitos e ideais, e eles são os planos que o Arquiteto Mestre usa para tecer o futuro.

33. Os psicólogos chegaram à conclusão de que só existe um sentido – o sentido do sentimento –, e que todos os outros não passam de variações desse sentido único. Sendo verdade, sabemos por que o sentimento é a fonte do poder, por que as emoções dominam facilmente o intelecto, e por que devemos colocar sentimento em nosso pensamento se desejamos resultados. Pensamento e sentimento formam uma combinação irresistível.

34. A visualização deve, obviamente, ser orientada pela vontade; devemos visualizar exatamente o que queremos. Não devemos deixar que a imaginação corra solta. A imaginação é um bom servo, mas um mestre ruim, e, se não for controlada, pode facilmente nos levar a todo tipo de especulação e conclusão sem nenhuma base ou fundamento de qualquer espécie. Todo tipo de opinião plausível tende a ser aceita sem qualquer exame analítico, e o resultado é o caos mental.

35. Portanto, devemos construir apenas imagens mentais que sabemos serem cientificamente verdadeiras. Devemos submeter qualquer ideia a uma análise profunda e não devemos

aceitar nada que não seja cientificamente preciso. Ao fazer isso, você não tenta realizar nada além do que o que sabe ser capaz de realizar, e o sucesso coroará seus esforços. É o que as pessoas do mundo dos negócios chamam de perspicácia: é basicamente a mesma coisa que discernimento, e é um dos grandes segredos do sucesso em todas as empreitadas importantes.

36. No exercício desta semana, tente entender o importante fato de que harmonia e felicidade são estados de consciência e não dependem de posses; que as coisas são efeitos e surgem em decorrência de estados mentais corretos; que, se desejamos bens materiais de qualquer tipo, nosso principal objetivo deve ser desenvolver a atitude mental que gerará o resultado desejado. Essa atitude é alcançada por meio da realização da nossa natureza espiritual e de nossa unidade com a Mente Universal, a substância de que todas as coisas são feitas. Compreender isso nos traz tudo o que é necessário para nossa satisfação. Assim é o pensamento científico ou correto. Quando conseguimos alcançar essa atitude mental, fica comparativamente fácil enxergar nosso desejo como um fato já consumado. Quando obtemos sucesso, encontramos a "Verdade" que nos "liberta" de toda insuficiência ou limitação de qualquer tipo.

PARTE DEZESSETE

O tipo de Divindade que uma pessoa adora, conscientemente ou não, indica seu nível intelectual.

Pergunte a um indígena sobre Deus e ele lhe descreverá um poderoso chefe de uma tribo gloriosa. Pergunte a um pagão sobre Deus e ele lhe falará sobre o Deus do Fogo, o Deus da Água, o Deus disso e daquilo.

Pergunte a um israelita sobre Deus e ele lhe falará sobre o Deus de Moisés, que criou meios para governar por leis coercitivas, e então sobre os Dez Mandamentos; ou sobre Josué, que liderou os israelitas na batalha, confiscou bens, assassinou prisioneiros e destruiu cidades.

Os chamados "selvagens" criaram imagens esculpidas dos deuses que costumavam adorar, mas ao menos entre os mais inteligentes essas imagens não passavam de apoios visíveis que lhes permitiam se concentrar mentalmente nas qualidades que desejavam externalizar em suas vidas.

Nós do século XX teoricamente adoramos o Deus do Amor, mas na prática criamos para nós "imagens esculpidas" de

Riqueza, Poder, Costumes e Convenções. Nós nos ajoelhamos diante dessas imagens e as adoramos. Nós nos concentramos nelas e assim as externalizamos em nossas vidas.

O aluno que dominar o conteúdo da Parte Dezessete não confundirá símbolos com realidade. Ele se interessará pelas causas, não pelos efeitos; ele se concentrará nas realidades da vida e não se decepcionará com os resultados.

1. Diz-se que o Homem tem o "domínio de todas as coisas", e esse domínio é estabelecido pela Mente. O pensamento é a atividade que controla todo princípio. O mais elevado princípio, devido à sua essência e suas qualidades superiores, necessariamente determina as circunstâncias, aspectos e relações de tudo que com ele tem contato.
2. As vibrações das forças mentais são as mais sofisticadas e, consequentemente, as mais poderosas que existem. Para aqueles que compreendem a natureza e a transcendência da força mental, todo poder físico passa a ser insignificante.
3. Estamos acostumados a olhar para o Universo através da lente dos cinco sentidos, e dessas experiências resultam nossas concepções antropomórficas, mas as verdadeiras concepções só são garantidas pela compreensão espiritual. Esse discernimento requer uma aceleração das vibrações da Mente, e isso só é alcançado quando a mente se concentra continuamente em determinada direção.
4. Concentração contínua significa um fluxo de pensamento ininterrupto e regular, e resulta de um sistema paciente, persistente, perseverante e bem regulado.

5. As grandes descobertas são resultado de investigação prolongada. Anos de esforço concentrado são necessários para dominar a matemática, e a maior de todas as ciências – a ciência da Mente – só se revela por meio de esforço concentrado.

6. A concentração é mal compreendida; parece haver uma ideia de esforço ou atividade associada a ela, quando o necessário é exatamente o oposto. A grandeza de um ator reside no fato de esquecer-se de si mesmo ao representar um personagem, identificando-se tanto com ele que a plateia é arrebatada pelo realismo de sua atuação. Isso lhe dará uma boa ideia da concentração verdadeira. Você ficará tão interessado em seu pensamento, tão envolvido no assunto, que se esquecerá de todo o restante. Tal concentração leva a uma percepção intuitiva e à compreensão imediata da natureza do assunto em que se concentra.

7. Todo conhecimento é resultado de uma concentração desse tipo; foi assim que os segredos do Céu e da Terra foram obtidos; é assim que a mente se transforma em ímã, e o desejo de saber atrai o conhecimento; ela o atrai de modo irresistível e lhe confere a sua posse.

8. O desejo é, em grande parte, subconsciente; o desejo consciente raramente materializa seu objeto quando esse objeto está fora do alcance imediato. O desejo subconsciente desperta as faculdades latentes da mente, e problemas difíceis parecem se resolver sozinhos.

9. A mente subconsciente pode ser desperta e colocada em ação em qualquer direção, e para qualquer propósito, por meio da

concentração. A prática da concentração requer o controle do físico e do mental; todas as formas de consciência – física ou mental – devem estar sob controle. A Verdade Espiritual é, portanto, o fator controlador; é ela que lhe permitirá superar as limitações e chegar a um ponto em que será capaz de transformar modos de pensar em caráter e consciência.

10. A concentração não significa meros pensamentos, mas a transmutação desses pensamentos em valores práticos. A pessoa mediana não tem noção do significado da concentração. As pessoas estão sempre querendo "ter", mas nunca "ser". Elas não entendem que é impossível haver uma coisa sem a outra; que primeiro devem encontrar o "reino" para depois conseguir "os complementos". Entusiasmo passageiro não vale nada; é somente com autoconfiança ilimitada que se alcança a meta.

11. A mente pode criar um ideal elevado demais que não pode ser alcançado; pode tentar planar com asas inexperientes e, em vez de voar, acabar caindo; mas isso não é motivo para deixar de tentar outra vez.

12. A fraqueza é o único obstáculo para a realização mental. Atribua sua fraqueza às limitações físicas ou às incertezas mentais e tente novamente. Facilidade e perfeição são conseguidas por meio da repetição.

13. O astrônomo volta sua mente para as estrelas e elas lhes revelam seus segredos; o geólogo foca sua mente na construção da Terra e então surge a geologia – assim é com todas as coisas. Os seres humanos focam a mente nos problemas da vida, e o resultado é evidente na vasta e complexa ordem social do dia.

14. Toda descoberta e realização mental é resultado de desejo mais concentração. O desejo é a mais poderosa forma de ação. Quanto mais persistente, mais confiável a revelação. O desejo aliado à concentração é capaz de extrair qualquer segredo da natureza.

15. Ao ter grandes pensamentos, ao experimentar grandes emoções que correspondam aos grandes pensamentos, a mente alcança um estado em que aprecia o valor de coisas superiores.

16. A intensidade da concentração profunda por um tempo e o desejo intenso de ser e de realizar fazem mais por você do que anos de esforço regular lento. Essa concentração abrirá as portas da cela da descrença, da fraqueza, da impotência e da autodepreciação, e você alcançará a alegria da superação.

17. O espírito de iniciativa e originalidade se desenvolve por meio do esforço mental contínuo e persistente. Os negócios ensinam o valor da concentração e estimulam as boas decisões; desenvolvem o discernimento prático e a agilidade de conclusão. O elemento mental de toda atividade comercial é dominante como fator de controle, e o desejo é a força predominante. Todas as relações comerciais são a externalização do desejo.

18. Muitas das virtudes fundamentais e sólidas são desenvolvidas na atividade comercial. A mente é estabilizada e direcionada; assim, ela se torna eficiente. A principal necessidade é o fortalecimento da mente, para que possa superar as distrações e os impulsos incontroláveis da vida instintiva e, assim, vencer o conflito entre o eu maior e o eu menor.

19. Todos somos dínamos, mas o dínamo sozinho não é nada. A mente deve agir como dínamo; assim, ela será útil e sua energia poderá ser definitivamente concentrada. A mente é um motor com potência inimaginável. O pensamento é uma força de operação constante: é o controlador e criador de todas as formas e de todos os acontecimentos que ocorrem na forma. A energia física não é nada perto da onipotência do pensamento, porque este permite ao indivíduo aproveitar todas as outras forças naturais.

20. Vibração é a ação do pensamento; é ela que se projeta e atrai o material necessário para construir e criar. Não há mistério algum no poder do pensamento. Concentração significa simplesmente que a mente pode focar até passar a se identificar com o objeto de sua atenção. Assim como o alimento absorvido é a essência do corpo, a mente absorve o objeto de sua atenção e lhe dá vida e existência.

21. Se você se concentrar em algum assunto importante, o poder intuitivo entrará em ação, e a ajuda chegará na forma de informações que levarão ao sucesso.

22. A intuição chega a conclusões sem o auxílio da experiência ou da memória. A intuição geralmente resolve problemas que estão além do alcance do poder de raciocínio. A intuição geralmente surge tão de repente que surpreende; ela revela a verdade que buscamos de um modo tão direto que parece vir de um poder superior. A intuição pode ser cultivada e desenvolvida; para tanto, deve ser reconhecida e apreciada. Se a visitante intuição tiver uma recepção digna da realeza ao chegar, ela voltará. Quanto mais cordial a recepção, mais

frequentes serão suas visitas; mas se for ignorada ou negligenciada, suas visitas serão poucas e raras.

23. A intuição geralmente surge no Silêncio. Grandes mentes buscam a solidão com frequência. É no silêncio que todos os maiores problemas da vida são resolvidos. Por isso, toda pessoa bem-sucedida tem um escritório particular, onde pode ficar sem ser perturbada. Se você não tem condições de ter um escritório particular, pode pelo menos encontrar um ambiente em que possa ficar sozinho alguns minutos por dia para treinar o pensamento e as frases que lhe permitirão desenvolver aquele poder invencível que deve ser alcançado.

24. Lembre-se de que, em essência, o subconsciente é onipotente. Quando lhe damos poder para agir, não há nada que ele não possa fazer. O seu grau de sucesso é determinado pela natureza do seu desejo. Se ela estiver em harmonia com a Lei Natural ou com a Mente Universal, gradualmente libertará a mente e lhe dará coragem imbatível.

25. Cada obstáculo superado, cada vitória alcançada lhe dará mais fé em seu poder, e sua capacidade de vencer ficará maior. Sua força é determinada por sua atitude mental; se for de sucesso, e se for mantida permanentemente com um propósito firme, você atrairá do domínio invisível as coisas que exigiu em silêncio. Ao manter um pensamento na mente, ele gradualmente ganha uma forma tangível. Um propósito definido coloca em ação as causas, que saem do mundo invisível e encontram o material necessário para servir a esse propósito.

26. Talvez você esteja buscando símbolos do poder em vez do poder em si. Talvez esteja buscando fama em vez de honra; dinheiro em vez prosperidade; posição em vez de serventia; e em todos os casos você verá essas coisas virarem pó assim que as obtiver.

27. Riqueza e posição prematuras não podem ser mantidas porque não foram conquistadas; só recebemos o que ofertamos, e aqueles que tentam receber sem dar nada sempre descobrem que a lei da compensação implacavelmente gera um equilíbrio exato.

28. A corrida geralmente é pelo dinheiro e outros símbolos de poder; mas, com um entendimento sobre a real fonte de poder, conseguimos ignorar esses símbolos. Uma pessoa com uma conta corrente polpuda acha desnecessário encher os bolsos de ouro; o mesmo acontece com aquele que descobrir a real fonte de poder; esse indivíduo não terá mais interesse em fingimento e falsidade.

29. O pensamento normalmente se volta para direções evolutivas externas, mas pode se voltar para dentro, onde agarrará os princípios básicos das coisas, o âmago das coisas, o espírito das coisas. Quando você capta esse espírito, fica mais fácil entendê-las e controlá-las.

30. É por isso que o Espírito de uma coisa é a coisa em si, sua parte vital, a substância real. A forma é apenas a manifestação externa da atividade espiritual interna.

31. No exercício desta semana, concentre-se o máximo possível conforme o método apresentado nesta lição. Não permita nenhum esforço ou atividade consciente relacionado

ao seu propósito. Relaxe completamente, evite qualquer pensamento ansioso quanto aos resultados. Lembre-se de que o poder vem no repouso. Deixe que o pensamento se fixe no seu objeto até que se conecte totalmente com ele, até que você esteja alheio a todo o restante.

32. Se deseja acabar com o medo, concentre-se na coragem.

33. Se deseja acabar com a insuficiência, concentre-se na abundância.

34. Se deseja acabar com a doença, concentre-se na saúde.

35. Concentre-se sempre no ideal como se ele já fosse um fato consumado. É essa a semente, o princípio da vida que segue em frente e coloca em ação aquelas causas que direcionam, guiam e geram a relação necessária, que acaba por se manifestar na forma.

PARTE DEZOITO

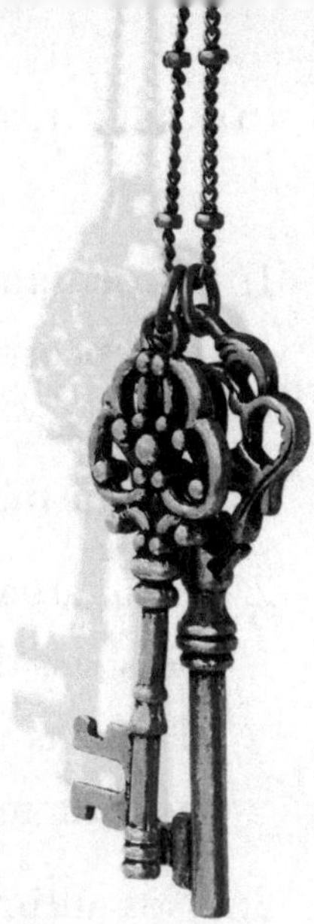

Para crescermos, temos de obter o necessário para o nosso crescimento. E conseguimos isso por meio da Lei da Atração. Esse princípio é a única maneira de o individual se distinguir do Universal.

Pense um pouco: o que seria um homem se não fosse um marido, pai ou irmão, se não estivesse interessado no mundo social, econômico, político ou religioso? Não seria nada além de um ego teórico abstrato. Ele existe, portanto, apenas em sua relação com o todo, em sua relação com outros homens, em sua relação com a sociedade. Essa relação constitui seu ambiente e não há outra maneira.

Portanto, é evidente que o individual é apenas sua distinção da Mente Universal "que ilumina todo homem existente no mundo", e a chamada individualidade ou personalidade desse homem é apenas a forma como ele se relaciona com o todo.

A isso chamamos de ambiente, e ele é gerado pela Lei da Atração. A Parte Dezoito a seguir traz mais informações sobre essa importante lei.

1. O pensamento do mundo está mudando. Essa mudança está ocorrendo discretamente e é mais importante do que qualquer outra que o mundo já tenha visto desde o fim do paganismo.

2. Essa atual revolução das ideias de todas as classes de pessoas, daquelas mais instruídas e superiores e também daquelas da classe trabalhadora, não tem precedentes na história mundial.

3. Nos últimos tempos, a ciência tem feito descobertas tão grandiosas, revelado tantos recursos, apresentado possibilidades tão grandes e forças tão inimagináveis que os cientistas cada vez mais hesitam em afirmar certas teorias como estabelecidas e inquestionáveis, ou em rejeitar outras como absurdas ou impossíveis.

4. Uma nova civilização está nascendo; tradições, crenças e costumes estão morrendo; visão, fé e trabalho estão tomando o lugar dos itens anteriormente mencionados. Os grilhões da tradição estão sendo tirados da humanidade, e, conforme as impurezas do materialismo vão sendo consumidas, o pensamento vai sendo liberado e a verdade, surgindo em traje de gala diante da multidão perplexa.

5. O mundo todo está às vésperas de uma nova consciência, um novo poder e uma nova realização dentro do eu.

6. A Ciência Física decompôs a matéria em moléculas, as moléculas em átomos, os átomos em energia, e coube a J. A. Fleming, em seu discurso na Royal Institution, decompor essa energia na mente. Ele disse: "Em última essência, a energia pode ser incompreensível para nós, sendo vista apenas co-

mo uma demonstração da ação direta do que chamamos de Mente ou Vontade".

7. E essa mente é interior e máxima. É tão imanente na matéria quanto no espírito. É o Espírito do Universo, aquele que sustenta, energiza e permeia tudo.

8. Todo ser vivo deve ser sustentado por essa Inteligência onipotente, e vemos que a diferença nas vidas individuais é medida, em grande parte, pelo grau dessa inteligência, manifestada por esses seres. É a inteligência superior que coloca os animais em um nível superior ao das plantas, e os seres humanos acima dos animais. Vemos que essa inteligência elevada é mais uma vez indicada pelo poder do indivíduo de controlar os modos de ação e, assim, adaptar-se de forma consciente ao seu ambiente.

9. É essa adaptação que prende a atenção das grandes mentes, e essa adaptação nada mais é do que o reconhecimento de uma ordem existente na Mente Universal, pois é sabido que essa mente nos obedecerá exatamente na mesma proporção que a obedecermos.

10. Foi o reconhecimento das Leis Naturais que nos permitiu vencer o tempo e o espaço, planar no ar e fazer o ferro flutuar, e, quanto maior o grau de inteligência, maior será o nosso reconhecimento dessas Leis Naturais, e maior será o poder que podemos ter.

11. É o reconhecimento do eu como uma individualização dessa Inteligência Universal que permite ao indivíduo controlar as formas de inteligência que ainda não alcançaram esse nível de autorreconhecimento. Essas formas não sabem que

essa Inteligência Universal permeia todas as coisas que estão prontas para serem colocadas em ação; elas não sabem que essa inteligência responde a todas as ordens; e que, portanto, estão sujeitas à lei de si mesmas.

12. O pensamento é criativo, e o princípio no qual se baseia a lei é razoável, legítimo e inerente à natureza das coisas; mas esse poder criativo não tem origem no individual, e sim, no Universal, a origem e a base de toda energia e substância. O individual é apenas o canal de distribuição dessa energia.

13. O individual é simplesmente o meio que o Universal usa para gerar as diversas combinações que resultam na formação dos fenômenos, que dependem da lei da vibração, segundo a qual diferentes velocidades de movimento na substância primária formam novas substâncias somente em determinadas razões numéricas exatas.

14. O pensamento é a ligação invisível por meio da qual o individual se comunica com o Universal, o finito com o Infinito, o visível com o Invisível. O pensamento é a magia que transforma o ser humano em um ser que pensa, conhece, sente e age.

15. Assim como o equipamento apropriado permitiu que os olhos descobrissem mundos exteriores a milhões de quilômetros de distância, com o conhecimento adequado o ser humano conseguiu se comunicar com a Mente Universal, a origem de todo poder.

16. O conhecimento que geralmente se desenvolve não passa de uma "crença", que não significa nada. Os selvagens das Ilhas dos Canibais acreditam em algo, mas isso não prova nada.

17. A única crença que tem algum valor para uma pessoa é aquela que foi colocada à prova e que se demonstrou ser um fato; então, ela deixou de ser crença e passou a ser uma Fé ou Verdade viva.

18. E essa Fé foi colocada à prova por centenas de milhares de pessoas e se revelou a Verdade, sendo exatamente tão útil quanto o equipamento usado.

19. Uma pessoa não pode esperar ver as estrelas a centenas de milhões de quilômetros de distância sem um telescópio suficientemente potente, e, por isso, a Ciência se empenha continuamente em construir telescópios maiores e mais potentes, e é constantemente recompensada com mais conhecimento sobre os corpos celestes.

20. O mesmo acontece com o entendimento. As pessoas estão sempre fazendo progressos nos métodos que utilizam para se comunicar com a Mente Universal e suas possibilidades infinitas.

21. A Mente Universal manifesta-se no objetivo, por meio do princípio da atração que cada átomo apresenta com relação aos outros átomos, em graus infinitos de intensidade.

22. É por meio desse princípio de combinação e atração que as coisas são criadas. Esse princípio é de aplicação universal, e é a única forma de cumprir o propósito da existência.

23. A expressão do crescimento se dá mais perfeitamente pela instrumentalidade desse Princípio Universal.

24. Para crescer, precisamos obter o essencial para o nosso crescimento; mas, como somos sempre uma entidade completa,

essa completude nos possibilita receber somente o que oferecemos. Portanto, o crescimento depende de uma ação recíproca, e vemos que, no plano mental, os semelhantes se atraem, as vibrações mentais respondem apenas conforme sua harmonia vibratória.

25. Assim, está claro que os pensamentos de abundância só responderão a pensamentos similares; a fartura de um indivíduo reflete a natureza dele. A prosperidade interna é o segredo da atração da prosperidade externa. A capacidade de produzir é a origem real da fartura de um indivíduo. É por isso que aquele que coloca o coração no que faz certamente alcançará sucesso infinito. Esse indivíduo dá e dará continuamente, e quanto mais der, mais receberá.

26. O que os grandes financistas de Wall Street, os donos de grandes empresas, os políticos, os advogados de grandes empresas, os inventores, os médicos, os escritores – o que cada um deles dá para contribuir com a soma da felicidade humana senão o poder de seu pensamento?

27. O pensamento é a energia que a Lei da Atração coloca em ação e por fim se manifesta na forma de abundância.

28. A Mente Universal é a Mente ou Substância estática em equilíbrio. Ela se distingue e assume uma forma por meio do poder de nosso pensamento. O pensamento é a fase dinâmica da mente.

29. O poder depende da consciência de poder; se não o usamos, perdemos, e, a menos que tenhamos consciência dele, não podemos usá-lo.

30. O uso desse poder depende da atenção; o grau de atenção determina nossa capacidade de adquirir conhecimento, que é o outro nome do poder.

31. A atenção tem sido considerada a marca distintiva da genialidade. O desenvolvimento da atenção depende da prática.

32. O incentivo da atenção é o interesse; quanto maior o interesse, maior a atenção; quanto maior a atenção, maior o interesse, ação e reação. Comece prestando atenção; logo você despertará o interesse. Esse interesse atrairá mais atenção, e essa atenção gerará mais interesse, e assim por diante. Essa prática lhe permitirá desenvolver o poder da atenção.

33. Esta semana, concentre-se em seu poder de criar; busque o discernimento, a percepção. Tente encontrar uma base lógica para a fé que existe em você. Deixe o pensamento se concentrar no fato de que o homem físico vive e se move e que sua existência depende do ar que alimenta toda vida orgânica, que esse homem precisa respirar para viver. Depois, deixe o pensamento focar no fato de que o homem espiritual também vive e se move e que sua existência depende de uma energia similar, porém mais sutil, fundamental para a sua vida, e que, assim como no mundo físico nenhuma vida assume uma forma antes que a semente seja plantada, e nenhum fruto é superior à semente que lhe deu origem, no mundo espiritual também não pode haver efeito sem que a semente tenha sido plantada, e o fruto dependerá da natureza da semente. Portanto, os resultados que você alcança dependem da sua compreensão da lei no poderoso domínio da causalidade, o maior grau dc evolução da consciência humana.

PARTE DEZENOVE

O medo é uma forma poderosa de pensamento. Paralisa os centros nervosos, afetando, assim, a circulação do sangue. Isso, por sua vez, paralisa o sistema muscular. Portanto, o medo afeta o corpo todo, cérebro e nervos, as partes física, mental e muscular. Obviamente, o jeito de vencer o medo é tomar consciência do poder. O que é essa força vital misteriosa que chamamos de poder? Não sabemos, mas também não sabemos exatamente o que é a eletricidade.

Mas sabemos que, se atendermos às exigências da lei que rege a eletricidade, ela será nosso servo obediente; ela iluminará nossos lares e nossas cidades, fará funcionar nossas máquinas e nos será útil de muitas formas.

O mesmo acontece com a força vital. Embora não saibamos o que é, e possivelmente jamais saberemos, é uma força primordial que se manifesta por meio de corpos vivos, e que, se seguirmos as leis e princípios que a regem, poderemos nos abrir para um fluxo mais abundante dessa energia vital e, assim, expressar o grau mais elevado possível de eficiência mental, moral e espiritual.

Esta parte apresenta uma maneira muito simples de desenvolver essa força vital. Se você colocar em prática as informações fornecidas nesta lição, logo desenvolverá o senso de poder que sempre foi a marca distintiva dos gênios.

1. A busca da verdade não é mais uma aventura casual, mas um processo sistemático e de operação lógica. Todo tipo de experiência é ouvido no processo de tomada de decisão.
2. Ao buscarmos a verdade, buscamos a causa definitiva. Sabemos que cada experiência humana é um efeito; então, se pudermos determinar a causa, e se descobrirmos que podemos controlar essa causa conscientemente, o efeito ou a experiência também estará sob nosso controle.
3. A experiência humana não será mais um jogo do destino; uma pessoa não será filha da fortuna, e assumirá o controle do seu futuro. Destino e futuro serão controlados tão prontamente quanto um capitão controla seu navio, ou um maquinista controla o seu trem.
4. Todas as coisas são, enfim, feitas do mesmo elemento, e, como são transmutáveis, uma na outra, devem estar sempre relacionadas e nunca em oposição.
5. No mundo físico, há inúmeros opostos e, para fins de conveniência, recebem nomes distintivos. Há tamanhos, cores, nuances ou extremidades em todas as coisas. Há um Polo Norte e um Polo Sul, um interior e um exterior, um visível e um invisível, mas essas expressões só servem para colocar extremos em contraste.

6. São nomes dados a duas partes diferentes de uma mesma coisa. Os dois extremos estão relacionados; não são entidades separadas, mas duas partes ou aspectos do todo.

7. No mundo mental, encontramos a mesma lei; falamos em conhecimento e ignorância, mas a ignorância nada mais é que a falta de conhecimento e, portanto, apenas uma palavra usada para expressar a ausência de conhecimento; não tem, em si, nenhum princípio.

8. No Mundo Moral, encontramos a mesma lei novamente. Falamos em bem e mal, mas o Bem é uma realidade, algo tangível, enquanto o Mal é apenas uma condição negativa, a ausência do Bem. Às vezes, o Mal é considerado uma condição bastante real, mas não tem princípio, não tem vitalidade, não tem vida. Sabemos disso porque ele sempre pode ser destruído pelo Bem. Assim como a Verdade destrói o Erro e a luz destrói a escuridão, o Mal desaparece assim que o Bem aparece; portanto, existe apenas um princípio no Mundo Moral.

9. Encontramos exatamente a mesma lei no Mundo Espiritual. Falamos de Mente e Matéria como duas entidades separadas, mas uma compreensão melhor deixa claro que só existe um princípio operante, e é a Mente.

10. A Mente é o real e o eterno. A Matéria está em constante mudança. Sabemos que nos éons do tempo cem anos são apenas um dia. Se estivermos em qualquer cidade grande e deixarmos nosso olhar pousar nos incontáveis edifícios grandes e magníficos, na vasta gama de conveniências da civilização moderna, nos lembraremos de que nada disso

existia há pouco mais de um século, e se pudéssemos permanecer no mesmo lugar por cem anos, veríamos que provavelmente poucas dessas coisas continuariam existindo.

11. No reino animal, encontramos a mesma lei da mudança. Os milhões e milhões de animais vêm e vão, e suas vidas duram poucos anos. No mundo das plantas, a mudança é ainda mais rápida. Muitas plantas e quase todas as gramíneas aparecem e desaparecem em um único ano. Quando passamos para o mundo inorgânico, esperamos encontrar algo mais substancial, mas, ao observarmos o continente aparentemente sólido, nos é dito que ele surgiu do oceano. Vemos a montanha gigantesca e nos dizem que o local antes era um lago; e, ao pararmos deslumbrados diante dos enormes penhascos do Vale de Yosemite, conseguimos traçar facilmente o caminho aberto pelas geleiras.

12. Estamos na presença da mudança contínua, e sabemos que essa mudança não é outra coisa senão a evolução da Mente Universal, o grandioso processo pelo qual todas as coisas são continuamente recriadas, e sabemos que a matéria é a forma que a Mente assume e, portanto, é simplesmente uma condição. A Matéria não tem princípio; a Mente é o único princípio.

13. E então, descobrimos que a Mente é o único princípio que opera nos mundos físico, mental, moral e espiritual.

14. Sabemos ainda que essa mente é estática, a mente em repouso, e sabemos que a capacidade do indivíduo de pensar é sua capacidade de agir na Mente Universal e transformá-la em mente dinâmica, ou mente em movimento.

15. Para tanto, deve-se adicionar combustível na forma de alimento, porque os seres humanos não podem pensar sem comer, e então descobrimos que até mesmo uma atividade espiritual como pensar não pode se transformar em fontes de prazer e proveito de outro jeito que não pelo uso de meios materiais.

16. É necessário algum tipo de energia para capturar a eletricidade e transformá-la em força dinâmica; é preciso raios de sol para gerar a energia necessária para o sustento da planta; portanto, também é necessária a energia na forma de alimento para permitir que o indivíduo pense e, por meio do pensamento, aja sobre a Mente Universal.

17. Talvez você saiba que o pensamento está constante e eternamente mudando de forma, sempre buscando se expressar; ou talvez você não saiba, mas o fato é que, se o seu pensamento for poderoso, construtivo e positivo, isso ficará evidente no seu estado de saúde, no seu negócio e no seu ambiente. Se o seu pensamento for fraco, crítico, destrutivo e negativo no geral, isso se manifestará no seu corpo na forma de medo, preocupação e nervosismo; em suas finanças, na forma de falta de recursos e limitações; e como condições dissonantes no seu ambiente.

18. Toda riqueza vem do poder; as posses só têm valor se conferirem poder; acontecimentos só são significativos se suscitarem o poder; todas as coisas representam certas formas e graus de poder.

19. O conhecimento da causa e do efeito, como demonstrado pelas leis que regem o vapor, a eletricidade, a afinidade

química e a gravidade, permite que o ser humano planeje com coragem e execute sem temor. Essas leis são chamadas de Leis Naturais, porque governam o mundo físico, mas nem todo poder é físico; também existem os poderes mental, moral e espiritual.

20. O que são nossas escolas e universidades senão usinas de força, locais em que o poder mental é desenvolvido?

21. Assim como há muitas usinas de força poderosas, nas quais a matéria-prima é coletada e transformada em bens que atendem às necessidades e comodidades da vida, as usinas de força mentais coletam a matéria-prima e a cultivam e transformam em um poder infinitamente superior a todas as forças da natureza, por mais maravilhosas que essas forças sejam.

22. O que é essa matéria-prima que está sendo coletada nessas milhares de usinas de força mental no mundo todo e transformada em um poder que evidentemente controla todos os outros poderes? Em sua forma estática, essa matéria-prima é a Mente; em sua forma dinâmica, é o Pensamento.

23. Esse poder é superior porque existe em um plano mais elevado, porque permitiu que o homem descobrisse a lei pela qual essas forças maravilhosas da Natureza podem ser aproveitadas e usadas para fazer o trabalho de centenas de milhares de pessoas. Ele permitiu que o homem descobrisse as leis pelas quais o tempo e o espaço foram aniquilados, e a lei pela qual a gravidade foi vencida.

24. O pensamento é a força ou a energia vital que está sendo desenvolvida e que tem gerado resultados impressionantes no último meio século, criando um mundo que seria totalmente

inconcebível para uma pessoa que viveu há apenas 50 ou 25 anos. Se tais resultados foram alcançados por meio da organização dessas usinas de força mental em 50 anos, o que esperar para os próximos 50?

25. A substância de que todas as coisas são feitas é infinita em quantidade. Sabemos que a luz viaja a uma velocidade de 299.792 quilômetros por segundo, sabemos que existem estrelas tão distantes que sua luz leva dois mil anos para chegar até nós, e sabemos que essas estrelas existem em todas as partes do céu. Também sabemos que essa luz vem em ondas, então, se o éter em que essas ondas viajam não fosse contínuo, a luz não chegaria até nós. Assim, só podemos chegar à conclusão de que essa substância, ou éter, ou matéria-prima, está universalmente presente.

26. Então, como ela se manifesta na forma? Na ciência elétrica, uma bateria é formada conectando-se os polos opostos do zinco e do cobre, o que faz com que uma corrente flua de um polo para o outro e, assim, gere energia. Esse mesmo processo se repete com relação a toda polaridade, e, assim como toda forma simplesmente depende da velocidade de vibração e das consequentes relações dos átomos entre si, se desejamos mudar a forma de manifestação, devemos mudar a polaridade. Esse é o princípio da causalidade.

27. No exercício desta semana, concentre-se e, quando uso a palavra concentrar, quero dizer tudo que essa palavra implica. Fique tão focado no objeto do seu pensamento a ponto de se alhear de todo o restante, e faça isso por alguns minutos, todos os dias. Você leva o tempo necessário para

comer, para nutrir seu corpo, então, por que não reserva um tempo para digerir seu alimento mental?

28. Deixe seu pensamento assentar no fato de que as aparências enganam. A Terra não é plana nem estática; o céu não é um domo; o sol não se move; as estrelas não são pontinhos de luz; e a matéria que era tida como fixa se revelou em estado de fluxo perpétuo.

29. Tente entender que se aproxima depressa – está quase chegando – o dia em que os modos de pensamento e ação terão que se adaptar ao rápido aumento do conhecimento sobre a operação dos princípios eternos.

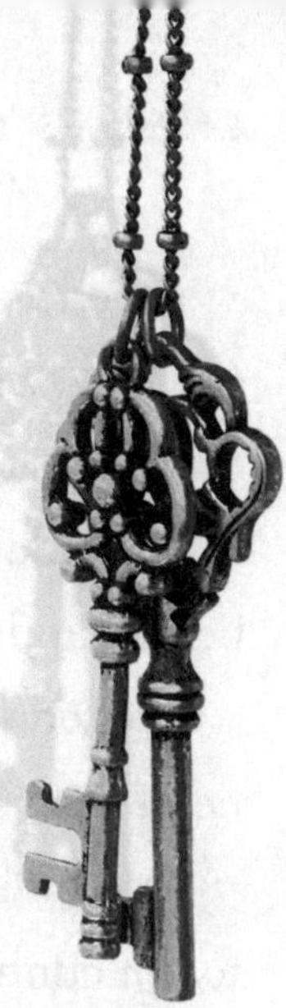

PARTE VINTE

Por muitos anos, tem havido discussões intermináveis sobre a origem do mal. Os teólogos nos disseram que Deus é Amor, e que Deus é Onipresente. Se isso é verdade, não existe lugar em que Deus não esteja. Então, onde está o Mal, Satã e o Inferno? Vejamos:

Deus é Espírito.

O Espírito é o Princípio Criativo do Universo.

O Homem foi criado à imagem e semelhança de Deus.

O Homem, portanto, é um ser espiritual.

A única atividade que o espírito tem é o poder de pensar.

Pensar, portanto, é um processo criativo.

Toda forma, assim, resulta do processo de pensamento.

A destruição da forma também é resultado do processo de pensamento.

A representação ficcional da forma é resultado do poder criativo do pensamento, como no Hipnotismo.

A representação aparente da forma é resultado do poder criativo do pensamento, como no Espiritismo.

Invenção, organização e trabalho de construção de todo tipo são resultado do poder criativo do pensamento, como na concentração.

Quando o poder criativo do pensamento se manifesta em benefício da humanidade, dizemos que o resultado é bom.

Quando o poder criativo do pensamento se manifesta de maneira destrutiva ou ruim, dizemos que o resultado é ruim.

Isso indica a origem do bem e do mal; são apenas termos que foram cunhados para indicar a natureza do resultado do processo criativo ou de pensamento. O pensamento necessariamente precede e predetermina a ação; a ação precede e predetermina a condição.

A Parte Vinte explicará melhor esse assunto importante.

1. O espírito de uma coisa é a coisa em si; é necessariamente estável, imutável e eterno. Seu espírito é você; sem o espírito, você não seria nada. Ele se torna ativo quando você o reconhece, bem como a suas possibilidades.

2. Você pode ter toda a fartura na cristandade, mas se não reconhecê-la e não usá-la, ela não terá valor. O mesmo acontece com sua riqueza espiritual: a menos que você a reconheça e a use, ela não vale nada. A única condição do poder espiritual é seu uso ou reconhecimento.

3. Todas as coisas boas vêm pelo reconhecimento; o cetro do poder é a consciência, e o pensamento é seu mensageiro, e esse mensageiro está constantemente moldando as realidades do mundo invisível nas condições e ambientes do seu mundo objetivo.

4. Pensar é a verdadeira atividade da vida, e poder é o resultado. Você lida o tempo todo com o mágico poder do pensamento e da consciência. Que resultado espera alcançar se permanecer alheio ao poder que foi colocado em suas mãos?

5. Enquanto o fizer, estará se limitando às condições superficiais, e será um fardo para aqueles que pensam; aqueles que reconhecem seu poder; aqueles que sabem que, a menos que estejam dispostos a pensar, terão que trabalhar, e que quanto menos pensamos, mais temos que trabalhar, e menos alcançamos com nosso trabalho.

6. O segredo do poder é uma compreensão plena dos princípios, forças, métodos e combinações da Mente, e um entendimento total de nossa relação com a Mente Universal. É bom lembrar que esse princípio é imutável; se não fosse assim, não seria confiável; todos os princípios são imutáveis.

7. Essa estabilidade é sua oportunidade; você é seu atributo ativo, o canal para sua atividade; o Universal só pode agir por meio do individual.

8. Quando começa a compreender que a essência do Universal está dentro de você – que ela é você –, você começa a sentir o seu poder; ele é o combustível que move a imaginação, que acende a tocha da inspiração, que dá vitalidade ao pensamento, que permite a você se conectar com todas as forças invisíveis do Universo. É esse poder que lhe permite planejar sem medo e executar com pleno controle.

9. Mas a compreensão só vem no Silêncio. Essa parece ser a condição necessária para todos os grandes fins. Você está

visualizando uma entidade. A imaginação é sua oficina. É nela que seu ideal deve ser visualizado.

10. Como o total entendimento da natureza desse poder é uma condição fundamental para sua manifestação, visualize todo o método repetidamente, para que possa usá-lo sempre que a ocasião assim exigir. A infinidade da sabedoria vem quando se segue o método por meio do qual obtemos inspiração da Mente Universal onipotente de acordo com a nossa necessidade, a qualquer momento.

11. Talvez não reconheçamos esse mundo interior e, desta forma, acabemos por excluí-lo de nossa consciência. Porém, ainda assim, ele continuará sendo a base de toda a existência; e quando aprendermos a reconhecê-lo, não apenas em nós mesmos, mas em todas as pessoas, acontecimentos, coisas e circunstâncias, encontraremos o "Reino do Céu", que nos é dito estar "dentro" de nós.

12. Nossos fracassos são resultado da operação do mesmo princípio; o princípio é imutável; sua operação é exata, sem desvio. Se pensarmos em insuficiência, limitação e discórdia, é o que colheremos. Se pensarmos em pobreza, infelicidade ou doença, os mensageiros do pensamento levarão essas ordens com a mesma prontidão com que levam qualquer outro tipo de pensamento, e o resultado será igualmente certo. Se temermos uma calamidade iminente, poderemos dizer com Jó que "o que eu mais temia desabou sobre minha cabeça"; se tivermos pensamentos rudes ou tolos, certamente atrairemos para nós os resultados de nossa ignorância.

13. Esse poder do pensamento, se entendido e corretamente usado, é o melhor dispositivo já sonhado que nos poupa trabalho, mas se for incompreendido ou indevidamente usado, o resultado será sempre desastroso, como já vimos. Com o auxílio desse poder, você pode realizar com confiança o que parecia impossível, pois esse poder é o segredo de toda inspiração, de toda genialidade.

14. Inspirar-se significa sair do caminho seguro, da via conhecida, porque resultados extraordinários requerem meios extraordinários. Quando reconhecemos a Unidade de todas as coisas e que a origem de todo poder está dentro de nós, acessamos a fonte da inspiração.

15. Inspiração é a arte da assimilação, a arte da autorrealização; a arte de ajustar a mente individual à Mente Universal; a arte de conectar o mecanismo apropriado à fonte de todo poder; a arte de distinguir o que não tinha forma dando-lhe uma forma; a arte de tornar-se um canal para o fluxo de Sabedoria Infinita; a arte de visualizar a perfeição; a arte de compreender a onipresença da Onipotência.

16. Entender e compreender que o poder infinito é onipresente e, portanto, está nas coisas infinitamente pequenas, assim como naquelas infinitamente grandes, permite que absorvamos sua essência. Entender ainda que esse poder é espírito e, portanto, indivisível, permite que valorizemos sua presença em toda parte ao mesmo tempo.

17. Entender esses fatos, primeiro intelectualmente e depois emocionalmente, nos permite beber grandes goles desse oceano de poder infinito. O entendimento intelectual não

terá grande utilidade; as emoções devem ser colocadas em ação; o pensamento sem sentimento é frio. A combinação de pensamento e sentimento é necessária.

18. A inspiração vem de dentro. O Silêncio é necessário; os sentidos devem ser calados; os músculos, relaxados; o repouso, cultivado. Quando você tiver alcançado um senso de equilíbrio e poder, estará pronto para receber a informação ou a inspiração ou sabedoria que pode ser necessária para o desenvolvimento do seu propósito.

19. Não confunda esses métodos com aqueles da clarividência; eles não têm nada em comum. A inspiração é a arte de receber e criar tudo que há de melhor. O seu objetivo na vida é entender e controlar essas forças invisíveis, em vez de deixar que elas o comandem e controlem. Poder implica servir; inspiração implica poder; entender e aplicar o método de inspiração é tornar-se super-humano.

20. Podemos viver de forma mais abundante toda vez que respiramos se respirarmos conscientes dessa intenção. O "se" é uma condição muito importante nesse caso, já que a intenção governa a atenção, e sem a atenção só podemos alcançar resultados que todo mundo alcança. Isto é, um suprimento igual à demanda.

21. Para garantir um suprimento maior, sua demanda deve ser aumentada, e conforme você aumentar a demanda, o suprimento aumentará, e você começará a receber mais e mais do suprimento da vida, mais energia e vitalidade.

22. Não é difícil entender por que isso acontece, mas esse é mais um dos mistérios da vida que não parece devidamente

compreendido. Se você se apropriar dele, verá que essa é uma das grandes realidades da vida.

23. Dizem-nos que "Nele vivemos, nos movimentamos e existimos", e que "Ele" é um Espírito, e, novamente, que "Ele" é Amor, então, toda vez que respiramos, respiramos essa vida, esse amor e esse espírito. Essa é a Energia Prânica, ou Éter Prânico, e não existiríamos um instante sem ela. Essa é a Energia Cósmica; é a Vida do Plexo Solar.

24. Toda vez que respiramos, enchemos nossos pulmões de ar e, ao mesmo tempo, energizamos nosso corpo com essa Energia Prânica, a Vida em si, então, temos a oportunidade de estabelecer uma ligação consciente com Toda Vida, Toda Inteligência e Toda Substância.

25. Entender sua relação e unidade com esse Princípio que rege o Universo e o simples método pelo qual você consegue relacionar-se com ele lhe dá um conhecimento científico de uma lei que lhe permite se libertar da doença, da insuficiência e da limitação de qualquer tipo. Na verdade, isso lhe permite respirar o "sopro de vida" por suas próprias narinas.

26. Esse "sopro de vida" é uma realidade supraconsciente. É a essência do "eu sou". É o "Ser" puro ou Substância Universal, e nossa unidade consciente com ela nos permite localizá-la e, assim, exercer os poderes dessa energia criativa.

27. Pensamento é vibração criativa, e a qualidade das condições criadas dependerá da qualidade do nosso pensamento, porque não podemos expressar poderes que não temos. Devemos "ser" para que possamos "fazer", e só podemos "fazer" na mesma medida do que "somos", por isso, o que fazemos

necessariamente coincide com o que "somos", e o que somos depende do que "pensamos". Toda vez que você pensa, dá início a uma sequência de causalidades que criará uma condição em estrita conformidade com a qualidade do pensamento que lhe deu origem. Um pensamento em harmonia com a Mente Universal resultará em condições correspondentes. Um pensamento destrutivo ou dissonante produzirá resultados semelhantes. Você pode usar o pensamento de forma construtiva ou destrutiva, mas as leis imutáveis não permitem que você plante um pensamento de um tipo e colha frutos de outro. Você é livre para usar esse maravilhoso poder criativo como quiser, mas deve assumir as consequências.

28. Esse é o perigo do que chamamos de Poder da Vontade. Algumas pessoas parecem pensar que, pela força da vontade, podem coagir essa lei; que podem plantar sementes de um tipo e, pelo "Poder da Vontade", fazer com que gerem frutos de outro tipo, mas o princípio fundamental do poder criativo está no Universal e, portanto, a ideia de forçar uma conformidade com nossos desejos pelo poder da vontade individual é uma concepção distorcida que talvez pareça dar certo por um tempo, mas por fim acaba fadada ao fracasso, porque antagoniza o mesmo poder que tenta usar.

29. Essa é a tentativa individual de coagir o Universal, o finito em conflito com o Infinito. Nosso bem-estar permanente será mantido de um jeito melhor por uma cooperação consciente com o movimento contínuo de avanço do Grande Todo.

30. No exercício desta semana, vá para o Silêncio e concentre-se no fato de que "Nele vivemos, nos movimentamos e existimos" é literal e cientificamente exato! De que você *é* porque Ele *é*; de que se Ele é Onipresente, Ele deve estar em você. De que se Ele está em tudo, você faz parte desse tudo e deve estar Nele! De que Ele é Espírito e você foi criado "à Sua imagem e semelhança", e que a única diferença entre o espírito Dele e o seu é de grau, que uma parte deve ter a mesma natureza e qualidade do todo. Quando tiver compreendido isso com clareza, terá descoberto o segredo do poder criativo do pensamento, terá descoberto a origem do bem e do mal, terá descoberto o segredo do maravilhoso poder da concentração, terá descoberto a chave para a solução de qualquer problema, seja físico, financeiro ou ambiental.

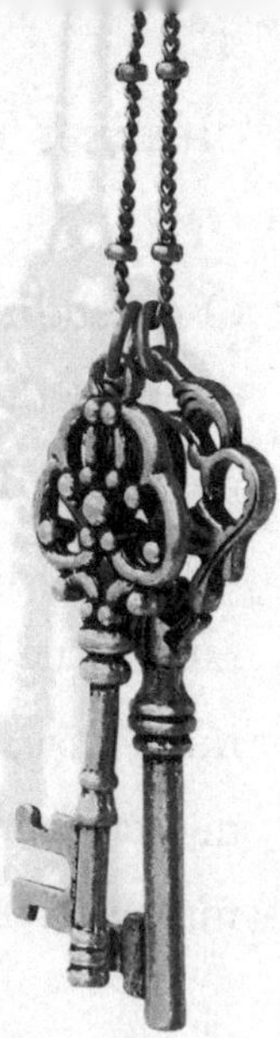

PARTE VINTE E UM

Tenho o privilégio de oferecer a você a Parte Vinte e Um. No parágrafo 7, você verá que um dos segredos do sucesso, uma das maneiras de organizar a vitória, uma das realizações da Mente Mestra é pensar grande.

No parágrafo 8, você verá que tudo o que mantemos em nossa consciência por qualquer período de tempo fica impresso em nosso subconsciente e, assim, torna-se um padrão que a energia criativa manifestará em nossa vida e em nosso ambiente. Esse é o segredo do maravilhoso poder da oração.

Sabemos que o universo é regido pela lei; que para todo efeito deve haver uma causa; e que a mesma causa, sob as mesmas condições, invariavelmente gerará o mesmo efeito. Consequentemente, se a prece tiver sido atendida, será sempre atendida se as condições apropriadas forem observadas. Isso deve ser necessariamente verdade; do contrário, o Universo seria um caos em vez de um cosmo. O atendimento de uma prece, portanto, está sujeito à lei, e essa lei é definitiva, exata e científica, assim como as leis que regem a gravidade e a eletricidade.

O entendimento dessa lei tira os fundamentos do cristianismo do reino da superstição e da credulidade e os coloca sobre a firme rocha do entendimento científico.

Mas, infelizmente, há poucas pessoas que sabem orar. Elas sabem que há leis que regem a eletricidade, a matemática e a química, mas, por alguma razão inexplicável, parecem não entender que também há leis espirituais, e que essas leis também são definitivas, científicas, exatas e operam com precisão imutável.

1. O real segredo do poder é a consciência de poder. A Mente Universal é incondicional; portanto, quanto mais consciente você for de sua unidade com ela, menos consciente será de condições e limitações, e, conforme nos livramos ou libertamos das condições, compreendemos o incondicional. Assim nos tornamos livres!
2. Assim que tomamos consciência do poder inesgotável do mundo interior, começamos a extrair esse poder e a aplicá-lo e a desenvolver possibilidades maiores que tal discernimento nos trouxe, porque qualquer coisa da qual tomamos consciência invariavelmente se manifesta no mundo objetivo, gera uma expressão tangível.
3. Isso acontece porque a mente Infinita – a origem de tudo que existe – é una e indivisível, e cada indivíduo é um canal pelo qual essa Energia Eterna se manifesta. Nossa capacidade de pensar é nossa capacidade de agir na substância Universal, e o que pensamos é criado ou gerado no mundo objetivo.
4. O resultado dessa descoberta é simplesmente maravilhoso, e significa que a mente é extraordinária em qualidade,

ilimitada em quantidade e que contém inúmeras possibilidades. Tomar consciência desse poder é tornar-se um "fio energizado". Tem o mesmo efeito de colocar um fio comum em contato com um fio energizado com tensão elétrica. O Universal é o fio energizado. Tem energia suficiente para enfrentar qualquer situação que possa surgir na vida de qualquer indivíduo. Quando a mente individual toca a Mente Universal, recebe toda a energia, todo poder de que necessita. Esse é o mundo interior. Toda ciência reconhece a realidade desse mundo, e todo poder depende do nosso reconhecimento desse mundo.

5. A capacidade de eliminar condições desfavoráveis depende da ação mental, e a ação mental depende da consciência de poder; portanto, quanto mais conscientes nos tornamos de nossa unidade com a fonte de todo poder, maior se torna nosso poder de controlar e dominar qualquer condição.

6. Grandes ideias tendem a eliminar todas as ideias menores, então, é bom cultivar ideias que sejam grandes o bastante para contra-atacar e destruir todas as tendências menores ou indesejáveis. Isso eliminará inúmeros obstáculos irritantes e insignificantes do seu caminho. Você ainda terá consciência de um mundo de pensamento maior, aumentando, assim, sua capacidade mental e colocando-se em uma posição que lhe permita realizar algo de valor.

7. Esse é um dos segredos do sucesso, uma das maneiras de organizar a vitória, uma das realizações da Mente Mestra. Ela pensa grande. As energias criativas da mente não encontram maior dificuldade para lidar com grandes situações do que

quando lida com as pequenas. A mente está tão presente no Infinitamente grande quanto no Infinitamente pequeno.

8. Quando percebemos esses fatos sobre a mente, entendemos como podemos atrair para nós qualquer condição, criando condições correspondentes em nossa consciência, porque tudo que se mantém por qualquer período de tempo na consciência acaba ficando impresso no subconsciente e, assim, torna-se um padrão que a energia criativa manifestará na vida e no ambiente do individual.

9. Desse modo, as condições são criadas e vemos que nossas vidas são apenas o reflexo de nossos pensamentos predominantes, de nossa atitude mental. Vemos então que a ciência do pensamento correto é a única ciência, aquela que engloba todas as outras ciências.

10. Com essa ciência, aprendemos que todo pensamento cria uma impressão no cérebro, que essas impressões criam tendências mentais, e que essas tendências criam caráter, habilidade e propósito, e que a ação conjunta de caráter, habilidade e propósito determina as experiências com que nos depararemos em nossas vidas.

11. Essas experiências chegam até nós graças à Lei da Atração. Pela ação dessa lei, nós nos deparamos, no mundo externo, com experiências que correspondem ao nosso mundo interior.

12. O pensamento predominante ou atitude mental é o ímã, e a lei diz que “os semelhantes se atraem”. Por consequência, a atitude mental invariavelmente atrairá condições que correspondam à sua natureza.

13. Essa atitude mental é a nossa personalidade, e é composta pelos pensamentos que criamos em nossa mente. Portanto, se desejamos uma mudança nas condições, tudo que precisamos fazer é mudar nosso pensamento; isso, por sua vez, mudará nossa atitude mental, que mudará nossa personalidade, que mudará as pessoas, coisas e condições, ou as experiências com que nos deparamos na vida.

14. Entretanto, não é fácil mudar a atitude mental, mas com esforço persistente isso pode ser feito. A atitude mental segue um padrão criado pelas imagens mentais que fotografamos com nosso cérebro. Se você não gosta das fotos, destrua os negativos e crie novas imagens; essa é a arte da visualização.

15. Assim que tiver feito isso, começará a atrair coisas novas, e as coisas novas corresponderão às novas imagens. Faça assim: imprima na mente uma imagem perfeita do desejo que quer ver materializado e continue mantendo essa imagem na mente até alcançar o resultado almejado.

16. Se o desejo exigir determinação, habilidade, talento, coragem, força ou qualquer poder espiritual, esses serão elementos essenciais para a sua imagem. Construa esses elementos; eles são parte fundamental dessa imagem. Eles são o sentimento que se une ao pensamento e cria a força magnética irresistível que o atrai para as coisas de que você necessita. Eles dão vida à sua imagem, e vida significa crescimento. Assim que a imagem começar a crescer, o resultado estará praticamente garantido.

17. Não hesite em aspirar às maiores realizações possíveis em tudo que empreender, porque as forças da mente estão

sempre prontas para serem usadas na realização de uma vontade resoluta, num esforço para materializar suas aspirações mais elevadas em atos, conquistas e acontecimentos. Uma ilustração de como essas forças da mente funcionam é sugerida pela forma como nossos hábitos são criados. Fazemos algo, e depois fazemos de novo e de novo e de novo, até que se torne fácil e talvez quase automático. A mesma regra se aplica para quebrar todo e qualquer hábito: paramos de fazer algo, e então evitamos fazer tal coisa de novo, e de novo, e de novo, até conseguirmos nos livrar dessa coisa; e se fracassamos vez ou outra, não devemos jamais perder a esperança, porque a lei é absoluta e invencível e reconhece todo esforço e todo sucesso, mesmo que nossos esforços e sucessos sejam intermitentes.

18. O que essa lei pode fazer por você não tem limites. Ouse acreditar em sua própria ideia. Lembre-se de que a Natureza é plástica e se molda ao ideal; pense no ideal como um fato já consumado.

19. A verdadeira batalha da vida é a das ideias; ela vem se desenrolando entre uns poucos contra a maioria. De um lado está o pensamento construtivo e criativo; do outro está o pensamento destrutivo e negativo. O pensamento criativo é controlado por um ideal; o pensamento passivo é controlado pelas aparências. Dos dois lados há homens da ciência, das letras e dos negócios.

20. Do lado criativo, há pessoas que passam seu tempo em laboratórios, ou debruçadas sobre microscópios e telescópios, lado a lado com aquelas que dominam o mundo comercial,

político e científico. Do lado negativo, há pessoas que dedicam seu tempo a investigar lei e precedente, pessoas que confundem teologia com religião, políticos que confundem poder com direito, e milhões de pessoas que parecem preferir o antigo ao progresso, que estão sempre olhando para trás em vez de para frente, que só enxergam o mundo exterior, mas não entendem nada sobre o mundo interior.

21. Em última análise, só existem duas classes de pessoas. Todos devem assumir seus lugares de um lado ou de outro; precisam decidir se querem avançar ou retroceder; não existe a possibilidade de ficar parado em um mundo em constante movimento. É essa tentativa de ficar parado que dá autoridade e força a códigos de lei arbitrários e desiguais.

22. Que estamos em um período de transição é evidenciado pela inquietação visível em toda parte. As queixas da humanidade são como um ataque da artilharia do céu, que começa soando baixo, e então as notas ameaçadoras vão aumentando até o som ser enviado de uma nuvem para outra, e então raios cortam o ar e atingem a terra.

23. As sentinelas que patrulham os postos mais avançados dos mundos Industrial, Político e Religioso contatam umas às outras preocupadas. O que está acontecendo à noite? O perigo e a insegurança da posição que ocupam e tentam manter tornam-se mais evidentes a cada hora que passa. O nascer de uma nova era necessariamente declara que a ordem existente não pode se manter por muito mais tempo.

24. O problema entre o velho regime e o novo, o ponto crucial do problema social, é, na mente das pessoas, totalmente uma

questão de convicção com relação à natureza do Universo. Quando perceberem que a força transcendente do espírito ou a Mente do Cosmo está dentro de cada indivíduo, será possível elaborar leis que considerem as liberdades e direitos de muitos, em vez dos privilégios de poucos.

25. Enquanto as pessoas considerarem o poder Cósmico como um poder não humano e estranho à humanidade, será fácil para uma classe supostamente privilegiada governar pelo direito Divino, apesar de todos os protestos de cunho social. O verdadeiro interesse da democracia, portanto, é exaltar, emancipar e reconhecer a divindade do espírito humano; reconhecer que todo poder vem de dentro de nós; que nenhum ser humano tem mais poder que outro, exceto se voluntariamente delegado a ele. O velho regime nos fez acreditar que a lei era superior aos criadores da lei; daí a noção de crime social em toda forma de privilégio e desigualdade pessoal, a institucionalização da doutrina fatalista de eleição Divina.

26. A Mente Divina é a Mente Universal; ela não cria exceções, não escolhe favoritos; não age por puro capricho ou por raiva, inveja ou ira. Da mesma forma, não pode ser adulada, persuadida ou convencida por compaixão ou por meio de pedidos para dar às pessoas algo que elas acham necessário para sua felicidade ou até para sua existência. A Mente Divina não cria exceções para favorecer nenhum indivíduo; mas quando o indivíduo entende e percebe sua Unidade com o princípio Universal, parecerá que está sendo favorecido, porque descobriu a origem de toda saúde, toda prosperidade e todo poder.

27. No exercício desta semana, concentre-se na Verdade. Tente perceber que a Verdade o libertará; isto é, nada pode continuar para sempre no caminho de seu sucesso perfeito se você aprender a aplicar de um jeito cientificamente correto os métodos e princípios de pensamento. Perceba que você externaliza em seu ambiente as potências inerentes de sua alma. Perceba que o Silêncio oferece uma oportunidade eternamente disponível e praticamente ilimitada de despertar a mais elevada concepção de Verdade. Tente compreender que a Onipotência em si é o silêncio absoluto; todo o restante é mudança, atividade, limitação. A concentração silenciosa do pensamento é, portanto, a verdadeira forma de alcançar, despertar e expressar o maravilhoso potencial de poder do mundo interior.

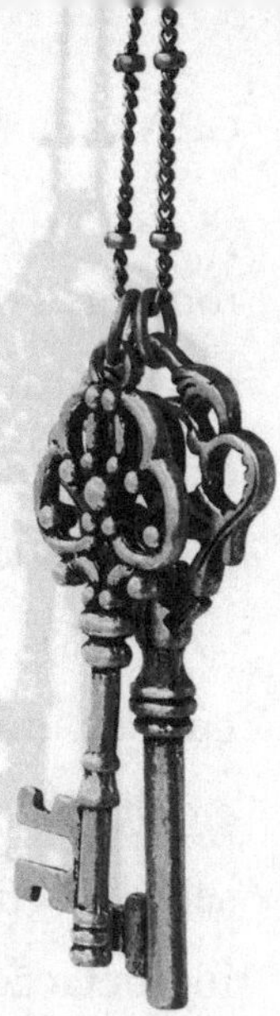

PARTE VINTE E DOIS

Na Parte Vinte e Dois, você verá que os pensamentos são sementes espirituais que, quando plantadas na mente subconsciente, têm a tendência de brotar e crescer. No entanto, infelizmente, o fruto com frequência nos desagrada.

As várias formas de inflamação, paralisia, nervosismo e condições de doença em geral são a manifestação de pensamentos de medo, preocupação, inquietação, ansiedade, inveja, ódio e similares.

Os processos vitais são realizados de duas maneiras distintas: primeiro, pela captação e uso do material nutritivo necessário para a construção das células; segundo, pela quebra e excreção do material residual.

Toda vida é baseada nessas atividades construtivas e destrutivas, e como os alimentos, a água e o ar são os únicos elementos necessários para a construção celular, seria de se esperar que o problema de prolongar a vida indefinidamente fosse muito complicado.

No entanto, por mais estranho que pareça, é essa segunda atividade, a destrutiva, que, com raras exceções, é a causa de todas as doenças. O material residual se acumula nos tecidos e causa saturação, o que leva à autointoxicação, que pode ser parcial ou geral. No primeiro caso, o distúrbio será local, enquanto no segundo afetará todo o sistema.

Então, o problema que temos diante de nós com relação à cura de uma doença é saber como aumentar o fluxo de captação e distribuição de energia vital em todo o sistema, e isso só pode ser feito eliminando-se os pensamentos de medo, preocupação, inquietação, ansiedade, inveja, ódio e qualquer outro pensamento destrutivo, que tende a arruinar e destruir os nervos e glândulas que controlam a excreção e a eliminação do material residual e prejudicial.

"Alimentos nutritivos e tônicos fortificantes" não podem dar vida, porque não passam de manifestações secundárias da vida. A manifestação primária da vida – e como você pode entrar em contato com ela – é explicada na parte que apresento a seguir.

1. O conhecimento tem valor inestimável porque, ao aplicá-lo, podemos fazer do nosso futuro o que desejamos que ele seja. Quando percebemos que nossa personalidade atual, nosso ambiente atual, nossa habilidade atual, nossa condição física atual são resultado de formas antigas de pensar, começamos a compreender o valor do conhecimento.

2. Se nosso estado de saúde está longe de ser como gostaríamos, examinemos nossa forma de pensar. Lembremos de que todo pensamento gera uma impressão na mente; toda impressão é uma semente que criará raízes no subconsciente e gerará tendência. Esta atrairá outros pensamentos simi-

lares e, antes que você perceba, haverá uma plantação deles precisando ser colhida.

3. Se esses pensamentos contiverem sementes de doença, a colheita será de enfermidade, decadência, fraqueza e fracasso. A questão é: o que pensamos, o que criamos, qual será nossa colheita?

4. Se houver qualquer condição física que deva ser alterada, a lei que rege a visualização será eficaz. Crie uma imagem mental da perfeição física e a mantenha em sua mente até que seja absorvida pela consciência. Muitas pessoas eliminaram doenças crônicas em algumas semanas com este método, e milhares venceram e destruíram todo tipo de distúrbio físico comum em alguns dias, às vezes em alguns minutos.

5. É pela lei da vibração que a mente exerce controle sobre o corpo. Sabemos que toda ação mental é uma vibração, e sabemos que toda forma é apenas um modo de ação, uma velocidade de vibração. Portanto, qualquer vibração modifica imediatamente todo átomo do corpo, toda célula vital é afetada e uma mudança química completa acontece em todo grupo de células vitais.

6. Tudo no Universo é o que é por causa dessa velocidade de vibração. Mude a velocidade e você mudará a natureza, a qualidade e a forma. O vasto panorama da natureza, tanto visível quanto invisível, está em constante mudança pela mera alteração da velocidade de vibração, e, como o pensamento é uma vibração, também podemos exercer esse poder. Podemos mudar a vibração e, assim, gerar qualquer condição que desejamos que se manifeste em nossos corpos.

7. Todos nós usamos esse poder o tempo todo. O problema é que a maioria o usa de forma inconsciente e, assim, gera resultados indesejáveis. A questão é como usá-lo de maneira inteligente para gerar apenas resultados desejáveis. Isso não deve ser difícil, porque todos já tivemos experiências suficientes para saber o que gera vibrações agradáveis no corpo, e também sabemos as causas que produzem sensações desagradáveis e incômodas.

8. Só precisamos consultar nossa própria experiência. Quando nosso pensamento é elevado, progressivo, construtivo, corajoso, nobre, gentil ou desejável de qualquer outro modo, colocamos em ação vibrações que trazem certos resultados. Quando nosso pensamento é cheio de inveja, ódio, ciúme, crítica ou qualquer outra das mil e uma formas de dissonância, certas vibrações são colocadas em ação e trazem resultados de natureza diferente. Por sua vez, cada uma dessas velocidades de vibração, se mantida, acaba por se materializar na forma. No primeiro caso, o resultado é a saúde mental, moral e física, enquanto, no segundo, é a discórdia, a desarmonia e a doença.

9. Assim, é possível entender algo sobre o poder que a mente exerce sobre o corpo.

10. A mente objetiva tem certos efeitos sobre o corpo que são imediatamente reconhecidos. Alguém lhe diz algo que soa ridículo e você ri, possivelmente a ponto do seu corpo todo chacoalhar, o que mostra que o pensamento tem controle sobre os músculos do seu corpo. Ou alguém lhe diz algo que desperta sua compaixão e faz seus olhos se encherem de

lágrimas: isso mostra que o pensamento controla as glândulas do seu corpo. Ou alguém diz algo que o deixa irritado e faz seu sangue subir para as suas bochechas, demonstrando que o pensamento controla a circulação do seu sangue. Mas como todas essas experiências são resultados da ação da sua mente objetiva sobre o corpo, os resultados são de natureza temporária; eles logo desaparecem e deixam a situação como era antes.

11. Vejamos como a ação da mente subconsciente sobre o corpo é diferente. Quando você se fere, milhares de células trabalham para cicatrizar a ferida. Em alguns dias ou semanas, o trabalho é concluído. Digamos que você quebre algum osso. Nenhum cirurgião do mundo consegue unir as partes quebradas (não estou me referindo à colocação de pinos ou outros dispositivos que fixem ossos no lugar ou que os substituam). Ele pode ajustar o osso para você, e a mente subjetiva imediatamente dará início ao processo de união das partes, de forma que, em pouco tempo, o osso volta a ser tão sólido quanto antes. Ou talvez você ingira veneno: a mente subjetiva perceberá o perigo imediatamente e fará enormes esforços para eliminá-lo. Ou digamos que você seja infectado por um micróbio perigoso. Nesse caso, a mente subjetiva logo começará a erguer um muro em volta da área infectada e destruirá a infecção absorvendo-a nos glóbulos brancos que ela destaca para tal propósito.

12. Esses processos da mente subconsciente geralmente acontecem sem nossa orientação ou conhecimento pessoal e, contanto que não interfiramos, o resultado é perfeito.

Entretanto, como essas milhões de células reparadoras são inteligentes e respondem ao nosso pensamento, geralmente ficam paralisadas e impotentes diante dos nossos pensamentos de medo, dúvida e ansiedade. São como um exército de operários, prontos para iniciar uma obra importante, mas toda vez que começam a realizar uma tarefa estoura uma greve, ou os planos mudam, e elas acabam desestimuladas e desistem.

13. O caminho que leva à saúde é fundamentado na lei da vibração, a base de toda ciência, e essa lei é colocada em ação pela mente, pelo "mundo interior". É uma questão de prática e esforço individual. Nosso mundo de poder está dentro de nós; se formos sábios, não desperdiçaremos tempo e esforço tentando lidar com os efeitos com que nos deparamos no "mundo exterior", que não passam de um reflexo do lado de fora.

14. Sempre encontraremos a causa no "mundo interior"; se mudarmos a causa, mudaremos o efeito.

15. Toda célula do nosso corpo é inteligente e responde às nossas instruções. Todas essas células são criadoras e criarão o padrão exato conforme as nossas orientações.

16. Portanto, quando imagens perfeitas são criadas na mente subjetiva, as energias criativas geram um corpo perfeito.

17. As células cerebrais são formadas da mesma maneira. A qualidade do cérebro é determinada pelo estado da mente, ou atitude mental, de modo que, se atitudes mentais indesejáveis forem levadas à mente subjetiva, serão transferidas para o corpo. Portanto, podemos ver de cara que, se queremos que o corpo manifeste saúde, força e vitalidade, esse deve ser o pensamento predominante.

18. Sabemos, então, que todo elemento do corpo humano é resultado de uma velocidade de vibração.

19. Sabemos que a ação mental é uma velocidade de vibração.

20. Sabemos que uma velocidade de vibração maior rege, modifica, controla, altera ou destrói uma velocidade de vibração menor.

21. Sabemos que a velocidade de vibração é determinada pela natureza das células cerebrais.

22. Sabemos como criar essas células cerebrais.

23. Sabemos como fazer qualquer mudança física que desejamos no corpo e, quando assimilamos o funcionamento do poder da mente até esse ponto, descobrimos que praticamente não há limites para a nossa capacidade de entrar em harmonia com a Lei Natural, que é onipotente.

24. A compreensão dessa influência ou controle da mente sobre o corpo vem aumentando cada vez mais, e muitos médicos agora se dedicam a estudar o assunto. O dr. Albert T. Shofield, autor de vários livros importantes sobre o tema, diz que "A terapia mental ainda é ignorada pelos trabalhos médicos em geral. Nenhuma referência é feita em nossa fisiologia sobre o poder de controle central que governa o corpo para o seu próprio bem, e raramente se fala sobre o poder da mente sobre o corpo".

25. Sem dúvida, muitos médicos tratam bem e sabiamente doenças nervosas de origem funcional, mas o que afirmamos é que o conhecimento que demonstram não foi ensinado nas escolas, não foi aprendido em nenhum livro; é um conhecimento intuitivo e empírico.

26. Não é assim que deveria ser. O poder da terapia mental deveria ser objeto de ensino científico, especial e cuidadoso em todas as escolas de medicina. Poderíamos discutir o tratamento inadequado, ou a falta de tratamento, mais detalhadamente e descrever os resultados desastrosos dos casos negligenciados, mas seria uma tarefa desagradável.

27. Sem dúvida, alguns pacientes sabem o quanto podem fazer por si mesmos. O que um paciente pode fazer por si, as forças que ele pode colocar em ação ainda são desconhecidas. Tendemos a acreditar que essas forças são bem maiores do que na realidade são e, sem dúvida, serão cada vez mais usadas. A terapia mental pode ser usada pelo próprio paciente, para acalmar a mente agitada, despertando sentimentos de alegria, esperança, fé e amor; sugerindo motivos para se esforçar, fazendo um trabalho mental regular e desviando os pensamentos da doença.

28. No exercício desta semana, concentre-se nas belas palavras de Tennyson: "Fale com Ele, porque Ele escuta, e espírito com espírito pode se encontrar, Ele está mais perto que a respiração, e mais próximo que as mãos e os pés". Então, tente compreender que, quando você "Fala com Ele" está em contato com a Onipotência.

29. Esse entendimento e esse reconhecimento desse poder Onipresente logo destruirá toda e qualquer forma de doença ou sofrimento e a substituirá por harmonia e perfeição. Lembre-se, então, de que há pessoas que parecem achar que doença e sofrimento são enviados por Deus; se assim for, todo médico, todo cirurgião e todo enfermeiro contraria a

vontade de Deus, e hospitais e sanatórios são locais de rebelião, e não casas de misericórdia. Obviamente, esse raciocínio logo se mostra absurdo, mas há muita gente que acredita em tal coisa.

30. Então, deixe o pensamento assentar no fato de que, até recentemente, a teologia tentava ensinar que havia um Criador impossível, aquele que criou seres capazes de pecar e que, portanto, permitia que eles fossem eternamente punidos por seus pecados. É claro que o resultado de tão extraordinária ignorância foi a geração de medo, em vez de amor e, assim, depois de dois mil anos desse tipo de doutrina, a Teologia agora tenta se desculpar pelo Cristianismo.

31. Assim, você passará a entender mais prontamente o homem ideal, aquele feito à imagem e semelhança de Deus, e começará a compreender mais facilmente a Mente criadora que forma, apoia, sustenta, origina e cria tudo que existe.

PARTE VINTE E TRÊS

Na parte que tenho a honra de apresentar agora, você verá que o dinheiro se entrelaça em toda a trama da nossa existência; que a lei do sucesso é servir; que recebemos o que damos e, por esse motivo, devemos considerar um grande privilégio poder dar aos outros.

Vimos que o pensamento é a atividade criativa por trás de toda iniciativa construtiva. Portanto, nada tem mais valor pragmático do que o nosso pensamento.

O pensamento criativo requer atenção, e o poder de atenção é, como já vimos, a arma do super-humano. A atenção leva à concentração, e a concentração leva ao Poder Espiritual, que é, por sua vez, a força mais poderosa que existe.

É a ciência que embasa todas as ciências. É a arte que, mais que todas as outras, é relevante para a vida humana. No domínio dessa arte e dessa ciência está a oportunidade de progresso infinito. Essa perfeição não se alcança em seis dias, em seis semanas ou seis meses. É o trabalho de uma vida toda. Não avançar é retroceder.

É inevitável que pensamentos positivos, construtivos e altruístas tenham um efeito abrangente para o bem. A compensação é a tônica do Universo. A natureza está sempre buscando o equilíbrio. Quando algo sai, algo deve entrar; do contrário, um vazio se forma. Ao observar essa regra, não há como você não se beneficiar na mesma medida do seu esforço nesse sentido.

1. Consciência de dinheiro é uma atitude mental; é a porta aberta para as artérias do comércio; é a atitude receptiva. O desejo é a força atrativa que coloca a corrente em ação, e o medo é o grande obstáculo que faz com que a corrente pare ou seja totalmente invertida, e assim vá para longe de nós.

2. O medo é o oposto da consciência de dinheiro; é a consciência da pobreza e, como a lei é imutável, recebemos exatamente o que ofertamos. Se tivermos medo, receberemos aquilo que tememos. O dinheiro se entrelaça em toda a trama da nossa existência; ele se agarra ao melhor pensamento das melhores mentes.

3. Fazemos dinheiro ao fazermos amizades, e ampliamos nosso círculo de amigos gerando dinheiro para eles, ajudando-os e servindo a eles. Então, a primeira lei do sucesso é servir, e essa lei, por sua vez, baseia-se em integridade e justiça. A pessoa que não é justa em sua intenção é simplesmente ignorante. Essa pessoa não entendeu a lei fundamental de toda troca; é impossível; segura e certamente perderá. Talvez ela não saiba disso; talvez ache que esteja se dando bem, mas está condenada à derrota certa. Não

se pode enganar o Infinito. A lei da compensação exigirá olho por olho, dente por dente.

4. As forças vitais são voláteis e compostas por nossos pensamentos e ideais, e eles, por sua vez, são moldados na forma. Nossa dificuldade é manter a mente aberta, buscar sempre o novo, reconhecer oportunidades, manter o interesse na corrida e não na chegada, porque o prazer está na busca, não na posse.

5. Você pode se transformar em um ímã de dinheiro, mas deve pensar em como pode gerar dinheiro para outras pessoas. Se tiver a percepção necessária para entender e utilizar as oportunidades e condições favoráveis e reconhecer valores, poderá tirar vantagem disso, mas seu maior sucesso virá quando você for capaz de ajudar os outros. O que beneficia um deve beneficiar a todos.

6. Um pensamento generoso tem força e vitalidade, enquanto um pensamento egoísta tem a semente da dissolução: irá se desintegrar e morrer. Os grandes financistas são apenas canais de distribuição da riqueza. Enormes quantias vão e vêm, mas seria tão perigoso interromper o fluxo de saída quanto o de entrada. As duas extremidades da corrente devem se manter abertas, e assim o nosso maior sucesso virá, quando reconhecermos que é tão essencial dar quanto receber.

7. Se reconhecermos o poder Onipotente que origina de todos os suprimentos, estaremos adaptando nossa consciência a esses suprimentos, de modo que ela constantemente atrairá tudo o que é necessário para si, e veremos que quanto

mais dermos, mais receberemos. Dar, neste sentido, significa servir. O banqueiro dá seu dinheiro, o comerciante dá suas mercadorias, o autor dá suas ideias, o trabalhador dá sua habilidade. Todo mundo tem algo a dar, mas quanto mais derem, mais receberão, e quanto mais receberem, mais poderão dar.

8. O financista recebe muito porque dá muito; ele pensa; ele raramente é uma pessoa que deixa que outros pensem por ele. Ele quer saber como pode garantir os resultados. Você deve mostrar a ele; se for capaz de fazer isso, ele lhe fornecerá os meios para que centenas ou milhares de pessoas sejam beneficiadas e, na mesma proporção, quando elas forem bem-sucedidas, ele também o será. Morgan, Rockefeller, Carnegie e outros não enriqueceram porque perderam o dinheiro de outras pessoas; pelo contrário, porque ganharam dinheiro para os outros é que eles se tornaram os homens mais ricos do planeta.

9. A pessoa comum é totalmente inocente e não tem pensamentos profundos; ela aceita as ideias dos outros e as repete, exatamente como um papagaio. É fácil perceber isso quando entendemos o método usado para formar a opinião pública, e essa atitude dócil por parte da grande maioria, que parece totalmente disposta a deixar que algumas pessoas pensem por elas, é o que permite que uns poucos indivíduos em muitos países usurpem todas as formas de poder e mantenham milhões de pessoas em servidão. O pensamento criativo requer atenção.

10. O poder da atenção é chamado de concentração. Esse poder é guiado pela vontade. Por isso, não devemos nos concen-

trar ou pensar em qualquer outra coisa que não nos nossos desejos. Muitas pessoas se concentram constantemente em tristeza, perda e dissonância de qualquer tipo. No entanto, como o pensamento é criativo, ele necessariamente segue essa concentração, o que inevitavelmente leva a mais tristeza, mais perda e mais dissonância. Como poderia ser de outro modo? Por outro lado, quando nos deparamos com sucesso, vitória ou qualquer outra condição desejável, naturalmente nos concentramos nos efeitos dessas coisas e, assim, criamos mais delas, e assim por diante, porque mais leva a mais.

11. Como o entendimento desse princípio pode ser usado no mundo dos negócios é bem explicado por um colega meu:

12. "O Espírito, independente do que possa ser ou não, deve ser considerado a Essência da Consciência, a Substância da Mente, a realidade que embasa o Pensamento. E, como todas as ideias são fases da atividade da Consciência, Mente ou Pensamento, no Espírito, e apenas nele, encontramos o Fato Definitivo, a Coisa Real ou a Ideia."

13. Admitindo isso, não parece razoável sustentar que um verdadeiro entendimento do Espírito, e de suas leis de manifestação, seria a coisa mais "pragmática" que uma pessoa "pragmática" poderia esperar encontrar? Não parece certo que, se as pessoas "pragmáticas" do mundo não pudessem deixar de perceber esse fato, elas "sairiam no tapa" para chegar onde poderiam alcançar esse conhecimento sobre as coisas e leis espirituais? Essas pessoas não são tolas; só precisam entender esse fato fundamental para ir na direção da essência de toda realização.

14. Deixe-me dar um exemplo concreto. Conheço um sujeito em Chicago que sempre considerei totalmente materialista. Ele já havia tido muitos sucessos na vida, e também muitos fracassos. Da última vez que conversamos, ele estava praticamente "liquidado", em comparação com a sua situação econômica anterior. Parecia que ele havia chegado "ao fim da linha", porque já passava da meia-idade e agora as boas ideias lhe ocorriam mais devagar e raramente que antes.

15. Em suma, o que ele me disse foi: "Sei que todas as coisas que funcionam nos negócios são resultado do Pensamento; qualquer idiota sabe disso. No momento, não estou conseguindo ter nenhum pensamento e nenhuma boa ideia. Mas, se esse ensinamento de 'A Mente é Tudo' estiver certo, um indivíduo deve ser capaz de estabelecer uma 'conexão direta' com a Mente Infinita; e na Mente Infinita deve haver a possibilidade de existência de todo tipo de boas ideias que uma pessoa com a minha coragem e experiência seria capaz de colocar em prática no mundo dos negócios e transformar em um grande sucesso. Para mim, parece bom; vou dar uma olhada nisso".

16. Isso foi há muitos anos. Outro dia, ouvi falar desse homem outra vez. Conversando com um amigo, eu disse: "O que aconteceu com nosso velho amigo x? Conseguiu se recompor?". Meu amigo olhou surpreso para mim. "Ah...", ele disse. "Não soube do sucesso do x? Ele é o Bambambã da Y (citando uma empresa que alcançou um enorme sucesso nos últimos dezoito meses e que agora, graças aos seus anúncios, é bem conhecida de um extremo ao outro do país, e tam-

bém no exterior). Ele é o cara que teve a *grande ideia* para a empresa. Ah, ele já ganhou meio milhão e se aproxima depressa da marca de um milhão; tudo isso em um período de dezoito meses." Eu não havia feito a ligação desse sujeito com a empresa mencionada, embora soubesse do incrível sucesso da companhia em questão. Uma pesquisa mostrou que a história era verdadeira e que os fatos apresentados acima não são nem um pouco exagerados.

17. Então, o que você acha disso? Para mim, significa que aquele homem de fato estabeleceu uma "conexão direta" com a Mente Infinita – Espírito – e, assim, fez com que trabalhasse para ele. Ele "a usou em seu negócio".

18. Soa como sacrilégio ou blasfêmia? Espero que não, pois essa não é minha intenção. Tire a implicação de Personalidade, ou Natureza Humana Ampliada, da ideia de "O Infinito", e você terá a noção de um Poder/Presença Infinito, a Quintessência do que é Consciência – na verdade, Espírito, afinal. Como esse homem, também, por fim deve ser considerado uma manifestação do Espírito, não há nada de sacrilégio na ideia de que ele, sendo Espírito, deva se harmonizar com essa Origem e Fonte para que possa manifestar em menor grau esse Poder. Todos nós fazemos isso, mais ou menos, quando usamos nossa mente na direção do Pensamento Criativo. Esse homem fez mais, ele fez tal coisa de maneira extremamente pragmática.

19. Não perguntei a ele sobre seu procedimento, embora pretenda fazê-lo na primeira oportunidade, mas ele não só retirou dos Suprimentos Infinitos as ideias de que precisava

(e que foram a semente de seu sucesso), como também usou o Poder Criativo do Pensamento para construir para si um Padrão Idealista que ele esperava que se manifestasse na forma material, acrescentando, alterando e melhorando os detalhes desse padrão de tempos em tempos – indo do esboço geral para os detalhes de acabamento. Considero que esses sejam os fatos do caso, não apenas a minha lembrança da conversa que tivemos alguns anos antes, mas também porque descobri que a mesma coisa aconteceu nos casos de outras pessoas proeminentes que tiveram manifestação semelhante do Pensamento Criativo.

20. Aqueles que talvez evitem essa ideia de utilizar o Poder Infinito como auxílio em seu trabalho no mundo material devem se lembrar de que, se o Infinito fosse contra tal procedimento, nada teria acontecido. O Infinito é capaz de cuidar de si mesmo.

21. A Espiritualidade é bastante pragmática, muito pragmática, extremamente pragmática. Diz-se que o Espírito é a Coisa Real, a Coisa Toda, e que a Matéria não passa de material plástico, que o Espírito usa para criar, moldar, manipular e construir segundo a sua vontade. A Espiritualidade é a coisa mais pragmática do mundo – a única coisa real e absolutamente pragmática que existe!

22. Esta semana, concentre-se no fato de que o homem não é um corpo com espírito, mas um espírito com um corpo, e que é por isso que seus desejos são impossíveis de serem permanentemente atendidos em qualquer coisa que não seja espiritual. Portanto, o dinheiro não tem valor, exceto se ge-

rar as condições que desejamos, e essas condições são necessariamente harmoniosas. Condições harmoniosas requerem suprimentos suficientes; então, se parece haver alguma insuficiência, devemos perceber que a ideia ou alma do dinheiro é servir, e conforme esse pensamento tomar forma, canais de recursos se abrirão, e você terá a satisfação de saber que os métodos espirituais são totalmente pragmáticos.

PARTE VINTE E QUATRO

A lição final deste curso.

Se você fez cada um dos exercícios durante alguns minutos todos os dias, como sugerido, descobriu que pode conseguir da vida exatamente o que quiser ao materializar aquilo que deseja, e provavelmente concordará com o aluno que disse: "O pensamento é tão extraordinário, tão vasto, tão disponível, tão definitivo, tão justo e tão utilizável".

O fruto desse conhecimento é, como sempre foi, um presente dos Deuses; é a "verdade" que liberta o homem, não apenas de toda insuficiência e limitação, mas também da tristeza, da preocupação e da privação. É maravilhoso perceber que essa lei não faz distinção entre as pessoas. Que, independentemente do seu hábito de pensamento, o caminho foi traçado.

Se você tende para a religião, o maior mestre religioso que o mundo já conheceu tornou esse caminho tão simples que todos podem segui-lo. Se a sua inclinação mental é pela ciência física, a lei funcionará com precisão matemática. Se você é mais inclinado para a filosofia, Platão ou Emerson pode ser seu mestre, mas, independentemente do caso, você pode alcançar graus de poder aos quais não se pode atribuir um limite.

A compreensão desse princípio, creio, é o segredo que os antigos Alquimistas buscaram em vão, porque ele explica como o ouro que está na mente pode ser transmutado em ouro no coração e na mão.

1. Da primeira vez que os cientistas colocaram o Sol no centro do Sistema Solar e fizeram a Terra girar ao redor dele houve enorme surpresa e consternação. Toda a ideia era obviamente falsa; nada era mais certo que o movimento do Sol no céu, e todo mundo podia ver que o Sol descia atrás das montanhas do oeste e mergulhava no oceano. Os acadêmicos ficaram furiosos e os cientistas descartaram a ideia como absurda, até que houve evidências para convencer as mentes de todos eles.

2. Dizemos que um sino é um "corpo que emite som", mas sabemos que tudo o que o sino faz é produzir vibrações no ar. Quando essas vibrações atingem a velocidade de dezesseis por segundo, geram um som que pode ser ouvido na mente humana. A mente também é capaz de ouvir vibrações numa velocidade de até 38 mil vibrações por segundo. Quando a frequência é maior, tudo é silêncio outra vez. Assim, sabemos que o som não está no sino, mas em nossa mente.

3. Dizemos e até pensamos que o Sol "fornece luz". Ainda assim, sabemos que ele apenas gera energia que produz vibrações no éter a uma velocidade de 400 trilhões por segundo, criando o que chamam de "ondas de luz", então, sabemos

que o que chamamos de luz é simplesmente uma forma de energia, e que a única luz existente é a sensação causada na mente pelo movimento das ondas. Quando esse número de movimentos aumenta, a luz muda de cor, e cada mudança de cor é causada por vibrações mais curtas e mais rápidas. Assim, apesar de dizermos que a rosa é vermelha, que a grama é verde e que o céu é azul, sabemos que as cores só existem em nossa mente, e que são sensações que experimentamos como resultado das vibrações das ondas de luz. Quando elas diminuem para menos de 400 trilhões por segundo, não as enxergamos mais como luz, mas as experimentamos pela sensação de calor. Portanto, é evidente que não podemos depender das evidências dos sentidos para nossa informação sobre a realidade das coisas. Se o fizermos, temos que acreditar que o Sol se move, que a Terra é plana em vez de redonda e que as estrelas são pontinhos de luz em vez de enormes sóis.

4. Então, todo o âmbito da teoria e da prática de qualquer sistema de metafísica consiste em conhecer a Verdade sobre si mesmo e sobre o mundo em que se vive; em saber que, para manifestar harmonia, você deve pensar em harmonia; para manifestar saúde, você deve pensar em saúde; e para manifestar abundância, você deve pensar em abundância. Para fazer isso, você deve inverter a evidência dos sentidos.

5. Quando você descobre que toda forma de doença, enfermidade, insuficiência e limitação são simplesmente o resultado do pensamento errado, descobre "a Verdade que o libertará". Você vê como mover montanhas. Se essas montanhas

consistem apenas em dúvida, medo, desconfiança ou outras formas de desestímulo, mas mesmo assim são reais, não devem ser apenas movidas, mas também "lançadas ao mar".

6. Seu trabalho real consiste em convencer a si mesmo da verdade dessas afirmações. Quando obtiver sucesso, não terá mais dificuldade para pensar na verdade, e, como mostrado antes, a verdade contém o princípio vital e se manifestará.

7. Aqueles que curam doenças usando métodos mentais conhecem essa verdade e a demonstram em suas vidas e na vida de outras pessoas todos os dias. Eles sabem que a vida, a saúde e a abundância são Onipresentes e preenchem tudo, e sabem que aqueles que permitem que doenças ou insuficiências de qualquer tipo se manifestem ainda não entenderam essa lei incrível.

8. Como todas as condições são criações do pensamento e, portanto, totalmente mentais, doenças e insuficiências não passam de condições mentais em que uma pessoa não consegue perceber a verdade; assim que esse erro é eliminado, a condição é removida.

9. O método para remoção desse erro é se conectar com o Silêncio e conhecer a Verdade. Como toda mente é uma só mente, você pode fazer isso por si mesmo e por outra pessoa. Se aprendeu a criar imagens mentais das condições desejadas, essa será a maneira mais fácil e rápida de alcançar resultados. Se não aprendeu, os resultados podem ser alcançados por argumentos, pelo processo de convencer a si mesmo da absoluta verdade de sua afirmação.

10. Lembre-se, e esta é uma das afirmações mais difíceis, e também uma das mais belas, de aceitar: lembre-se de que, não

importa qual seja a dificuldade, não importa onde ela esteja, não importa quem seja afetado, o seu único paciente é você mesmo; a única coisa que você tem que fazer é convencer a si mesmo da verdade que deseja ver manifestada.

11. Esta é uma afirmação científica precisa, de acordo com todo sistema de Metafísica existente, e nenhum resultado permanente pode ser alcançado de outro modo.

12. Toda forma de concentração, criação de Imagens Mentais, Argumentos e Autossugestão são apenas métodos que lhe permitem compreender a Verdade.

13. Se deseja ajudar alguém, acabar com algum tipo de insuficiência, limitação ou erro, a forma correta de fazê-lo não é pensar na pessoa que você quer ajudar; a intenção de ajudar é totalmente suficiente, pois coloca você em uma conexão mental com essa pessoa. Depois, tire de sua mente qualquer crença em insuficiência, limitação, doença, perigo, dificuldade ou qualquer outro problema. Assim que tiver feito isso, você alcançará o resultado pretendido, e a pessoa ajudada estará livre do que a afligia.

14. Mas não se esqueça de que o pensamento é criativo e, consequentemente, toda vez que você permite que seu pensamento se volte para qualquer condição desarmoniosa, deve perceber que essa condição é apenas aparente, não possui realidade. O espírito é a única realidade e jamais é menos que perfeito.

15. Todo pensamento é uma forma de energia, uma velocidade de vibração, mas um pensamento da Verdade é a vibração mais rápida conhecida e, consequentemente, pode destruir

toda forma de erro, exatamente da mesma maneira que a luz destrói a escuridão. Nenhuma forma de erro pode existir quando a "Verdade" surge, então, o trabalho mental que você precisa fazer é compreender a Verdade. Isso lhe permitirá superar toda forma de insuficiência, limitação ou doença.

16. Não alcançamos o entendimento da verdade no mundo exterior. O mundo exterior é apenas relativo; a Verdade é absoluta. Portanto, devemos procurá-la no "mundo interior".

17. Treinar a mente para enxergar apenas a Verdade significa expressar apenas condições verdadeiras. Nossa capacidade de fazer tal coisa é um indicativo do progresso que fazemos.

18. A verdade absoluta é que o "eu" é perfeito e completo, o verdadeiro "eu" é espiritual e, portanto, jamais pode ser menos que perfeito; jamais pode ter qualquer tipo de insuficiência, limitação ou doença. O brilho da genialidade não tem origem nos movimentos moleculares do cérebro; é inspirado pelo ego, o "eu" espiritual uno com a Mente Universal, e nossa capacidade de reconhecer essa Unidade é a causa de toda inspiração, toda genialidade. Esses resultados têm longo alcance e afetam as futuras gerações; eles são as tochas que iluminam o caminho que milhões de pessoas percorrem.

19. A verdade não é resultado de treinamento lógico ou experimentação, nem mesmo da observação: é produto de uma consciência desenvolvida. A verdade dentro de César se manifesta no comportamento de César, em sua vida e em suas ações; em sua influência nas esferas sociais e no progresso. Sua vida e suas ações, bem como sua influência no mundo, dependerão do grau de verdade que você consegue

discernir, porque a verdade não se manifestará em credos, mas na conduta.

20. A verdade se manifesta no caráter, e o caráter de uma pessoa deve ser a interpretação de sua religião, ou daquilo que para ela é verdade, e isso, por sua vez, será evidenciado na natureza do que essa pessoa possui. Se um indivíduo reclamar de seu destino, estará sendo tão injusto consigo mesmo quanto se negasse a verdade racional, embora isso seja claro e irrefutável.

21. Nosso ambiente e inúmeras circunstâncias e acidentes em nossas vidas já existem na personalidade subconsciente que atrai para si o material mental e físico correspondente à sua natureza. Assim, nosso futuro é determinado por nosso presente e, caso haja qualquer injustiça aparente em qualquer aspecto ou fase de nossa vida pessoal, devemos buscar a causa dentro de nós e tentar descobrir o fato mental responsável por tal manifestação externa.

22. É a verdade que "liberta" você, e é o conhecimento consciente dessa verdade que lhe permitirá vencer qualquer dificuldade.

23. As condições com que você se depara no mundo exterior são, invariavelmente, resultado das condições existentes no mundo interior. Portanto, ao manter o ideal perfeito em sua mente, você pode gerar condições ideais em seu ambiente.

24. Se você enxergar apenas o incompleto, o imperfeito, o relativo, essas condições se manifestarão em sua vida; mas se treinar sua mente para ver e compreender o ego espiritual, o "eu" que é sempre perfeito, completo e harmonioso, apenas condições saudáveis e benéficas se manifestarão.

25. Como o pensamento é criativo, e a verdade é o pensamento mais elevado e mais perfeito em que alguém pode pensar, é evidente que pensar, na verdade, é criar o que é verdadeiro. Mais uma vez, fica claro que quando a verdade passa a existir tudo o que é falso deve desaparecer.

26. A Mente Universal é a totalidade de todas as mentes que existem. O Espírito é Mente, porque o espírito é inteligente. Essas palavras são, portanto, sinônimas.

27. A dificuldade é compreender que a mente não é individual. Ela é onipresente, existe em toda parte. Em outras palavras, não há lugar em que a mente não esteja. Portanto, a mente é Universal.

28. Assim, as pessoas geralmente usavam a palavra "Deus" para indicar esse princípio criativo Universal, mas o termo "Deus" não tem o significado correto. A maioria das pessoas entende que essa palavra significa algo fora de si mesmas, quando é exatamente o contrário. O Universal é nossa própria vida. Sem ele, estaríamos mortos. Deixaríamos de existir. No instante em que o espírito deixa o corpo, não somos mais nada. Portanto, o espírito é, de fato, tudo que há de nós.

29. Dessa forma, a única atividade que o espírito possui é o poder de pensar. Portanto, o pensamento deve ser criativo, porque o espírito é criativo. Esse poder é impessoal, e sua capacidade de pensar é sua capacidade de controlar esse poder e de usá-lo para o seu benefício e o de outras pessoas.

30. Quando a verdade dessa afirmação é compreendida, entendida e assimilada, você ganha a posse da Chave Mestra, mas não se esqueça de que apenas aqueles que são sábios o

bastante para entender, abertos o bastante para ponderar as evidências, firmes o bastante para seguir sua própria opinião e fortes o bastante para fazer o sacrifício exigido podem entrar e participar.

31. Esta semana, tente compreender que este é um mundo verdadeiramente maravilhoso, que você é um ser maravilhoso, que muitos estão despertando para o conhecimento da Verdade e, com a mesma velocidade com que despertam e passam a conhecer "as coisas que foram preparadas para eles", também compreendem que as maravilhas existentes para aqueles que se encontram na Terra Prometida são aquelas que "Os olhos jamais viram, os ouvidos jamais ouviram e que jamais penetraram no coração do homem". Essas pessoas cruzaram o rio do discernimento e chegaram ao ponto de distinção entre o verdadeiro e o falso. Descobriram que tudo o que sempre desejaram ou com que sempre sonharam não passava de uma pálida imagem da realidade deslumbrante.

tipografia Adobe Garamond e Bulmer